# 프롤로그

## 감정 기록의 필요성

**감정을 기록하는 순간, 삶이 변하기 시작합니다.**

우리의 하루는 다양한 감정으로 가득 차 있습니다.

기쁨, 슬픔, 설렘, 불안, 짜증 등 감정들은 언제나 파도처럼 밀려왔다가 사라지기를 반복합니다. 하지만 의미를 깊이 생각하지 않은 채 하루를 보냅니다. 감정들이 무엇을 의미하는지, 왜 그렇게 느끼는지 깊이 생각하는 경우는 드뭅니다. 감정들과 마주하는 일이 어려운 이유는 불편하거나 나 자신조차도 이해할 수 없는 어려움, 복잡함과 혼란스러움 때문입니다. 그렇지만 자신의 감정을 살펴야 합니다. 잠시 멈춰서 감정을 글로 적어 보면 좋습니다. 글로 적으면 조금씩 우리의 삶이 변하기 시작합니다.

## 감정과 감사 기록의 힘

《감정 감사 일기》는 단순히 하루의 감정을 적고 감사한 일을 나열하는 것은 아닙니다. 일기는 자기 이해를 돕고, 치유하는 강력한 도구입니다. 감정은 우리 내면에서 일어나는 신호이며, 감사는 그 신호를 긍정적으로 해석하는 방법입니다. 《감정 감사 일기》는 감정을 되돌아보고 감사의 습관을 기르도록 돕습니다. 만족스러운 삶을 만드는 데 도움을 줍니다.

## 부정적인 감정에 맞서기

많은 사람들은 종종 부정적인 감정을 불편하다고 느끼고 그냥 억누르거나 외면합니다. 우리는 부정적인 감정을 두려워할 필요가 없습니다. 이 감정들은 내면에서 보내는 신호로 우리에게 필요한 감정이거나 변화가 필요한 부분을 알려주기 때문입니다. 부정적인 감정을 억누르거나 무시하면 상황이 악화될 수 있지만, 솔직하게 직면하면 성장과 이해의 기회를 얻을 수 있습니다.

《감정 감사 일기》는 부정적인 감정을 억누르는 대신, 자신이 느끼는 감정을 솔직히 마주하고 받아들이는 방법을 알려줍니다. 부정적인 감정 속에서도 나를 이해하고 성장할 기회를 발견할 수 있으며, 감사한 마음을 통해 긍정적인 변화를 만들어낼 수 있습니다. 나의 감정을 일기로 작성하는 것은 나와의 대화를 시작하는 일입니다. 일기를 쓰면 비로소 나를 제대로 바라볼 수 있게 됩니다. '나를 이해하는 하루 5분의 기적'을 통해, 감정과 감사의 기록이 가져오는 변화를 경험해 보세요.

당신의 하루가, 그리고 당신의 삶이 더 따뜻하고 풍요로워질 것입니다.

### 나의 감정과 연결되는 방법, 쓰기

감정을 일기에 적는 것은 자신과의 대화를 시작하는 것과 같습니다. 내면 세계가 더욱 명확해지고, 스스로를 더 잘 이해할 수 있게 됩니다. 올바르고 명확하게 자신의 감정을 바라볼 수 있는 능력도 배양할 수 있습니다. 특히 감사 일기 부분은 부족함에 집중하기보다, 주어진 삶에 감사하도록 시각을 바꿔줍니다. 친구의 친절한 말, 아름다운 노을, 조용한 순간처럼 작은 기쁨을 알아차리고 기록하면 더 많은 행복이 찾아옵니다.

## 감사 실천의 효과

### 실천에 따른 변화 체험 사례

---

**사례 1: 불안에서 안정으로**

**문제** 30대 직장인 A씨는 반복되는 업무 실수로 인해 자신감이 낮아지고 불안을 자주 느꼈습니다.

**실천** 감정 일기를 통해 실수의 원인을 분석하고, 감사 일기를 통해 '실수를 통해 성장할 기회를 얻었다.'는 점을 적기 시작했습니다.

**변화** 업무 스트레스가 줄어들고 실수를 대하는 태도가 긍정적으로 변했습니다. 자신감 회복과 더불어 상사와의 관계도 개선할 수 있었습니다.

## 꾸준히 실천하면 얻게 되는 변화

> **사례 2: 관계의 회복**
> **문제** 주부 B씨는 사춘기 자녀와 대화가 단절되어 갈등이 깊어졌습니다.
> **실천** 감정 일기를 통해 자녀와의 갈등에서 느낀 자신의 감정을 정리하고, 감사 일기에 자녀의 긍정적인 면을 매일 적기 시작했습니다.
> **변화** 자녀에 대한 부정적인 감정이 줄고 유대 관계가 개선되었습니다. 가족 간 대화를 자주 하게 되었고, 자녀와 보내는 시간이 소중해졌습니다.

- 자기 이해와 성장

  감정의 패턴을 이해하고, 감사의 습관을 통해 자신을 더 긍정적으로 바라보게 됩니다.

- 삶의 균형

  부정적인 감정에 휩쓸리지 않고, 매일의 감사 속에서 삶의 소중함을 느끼게 됩니다.

- 더 건강한 관계

  이해와 감사를 통해 자신 및 타인과 관계가 깊어집니다.

- 정서적 회복력 강화

  스트레스와 어려움 속에서도 더 빨리 회복할 수 있는 정서적 회복력을 키웁니다.

오늘 《감정 감사 일기》를 쓰기 시작해 보세요.

《감정 감사 일기》를 열고 당신의 감정과 감사한 일을 몇 가지 더 적어보세요. 크든 작든 상관이 없습니다. 작은 순간도 중요합니다. 글을 쓰는 매 순간, 당신은 스스로를 더 잘 이해하고 의미와 기쁨으로 가득 찬 삶을 만들어갈 수 있습니다. 회복력도 커집니다. 감정을 되돌아보고 감사함으로 삶의 축복을 이해하면, 더 깊은 온기와 충만함을 발견하게 될 것입니다.

첫걸음을 내디뎌보세요.
성장과 행복을 향한 끝없는 가능성의 문이 열립니다.

# 감정과 감사 이해하기

| | |
|---|---|
| 감정 이해하기 | 12 |
| 감사의 힘 | 16 |
| 《감정 감사 일기》 사용법 | 19 |
| 《감정 감사 일기》 템플릿 설명 | 23 |

# 《감정 감사 일기》 작성에 앞서

| | |
|---|---|
| 《감정 감사 일기》를 위한 감정 단어 | 28 |
| 《감정 감사 일기》 사용 샘플 | 39 |
| 우울한 날, 스스로를 다스리는 6단계 실천 루틴 | 46 |

## 《감정 감사 일기》

| | |
|---|---|
| 감정 감사 일기 | 52 |
| 주간 회고 | 146 |
| 월간 회고 | 164 |

## 부록: 자기 알아보기

| | |
|---|---|
| 새둥지 그리기 | 174 |
| 엄마와 아이 그림 그리기 | 178 |
| 빗속 사람 그리기 | 182 |
| 동적 집-나무-사람 그리기 | 188 |
| 우리 가족 그리기 | 194 |

요컨대, 감정적 격변에 대해 글을 쓰는 것은 우리
가 그것을 헤쳐 나가도록 돕고, 더 건강한 모습으
로 다시 일어설 수 있도록 해줍니다

제임스 페니베이커

심리학자, 미국 예술 과학 아카데미 회원

CHAPTER 1

# 감정과 감사
# 이해하기

기록을 위한 감정 이해

# 01
## 감정 이해하기

### 감정은 나의 친구

**✖ 감정이란?**

감정은 우리 내면에서 일어나는 자연스러운 반응으로, 외부 환경, 내면의 생각, 혹은 신체적 상태에 따라 발생합니다. 행복, 슬픔, 분노, 불안 등 다양한 감정은 우리의 삶을 더 풍부하고 의미 있게 만듭니다.

**✖ 감정은 왜 '친구'일까요?**

감정은 우리가 무엇을 좋아하고 싫어하는지 알려주는 메시지입니다.

예를 들면, 두려움은 위험을 피하라는 신호이며, 기쁨은 더 많은 만족을 추구하라는 신호입니다. 감정을 억누르지 않고 친구처럼 받아들이면 더 건강하게 자신을 표현하고 이해할 수 있습니다.

### 감정과 친구되는 팁

- 하루에 한 번 "오늘 나의 감정은 어땠지?"를 물어보세요.
- 감정을 억누르기보다는 "지금 화가 나는구나, 왜 그럴까?"라고 감정과 대

화하듯 인정해 주세요.

## 감정 패턴을 찾는 즐거움

### ✖ 감정 패턴이란?

감정 패턴은 특정 상황, 시간, 관계에서 반복하며 느껴지는 감정입니다.

예: "월요일 아침마다 피곤함과 짜증을 느낀다."

이러한 패턴을 발견하면, 삶에서 무엇이 나를 힘들게 하고, 무엇이 기쁘게 하는지 명확히 알 수 있습니다.

### ✖ 감정 패턴을 찾는 이유

반복되는 감정을 파악하면 자신의 행동이나 삶의 방식에서 어떤 점을 개선할지 알 수 있습니다.

예: "회의 중에 자주 불안함을 느낀다." → 불안의 원인을 파악한 후 불안을 다루는 연습을 할 수 있습니다.

### 감정 패턴 실천 팁

- 감정 일기를 작성하며 감정의 이유와 빈도를 적어보세요.
- 한 주나 한 달 단위로 자신이 자주 느낀 감정을 요약하고 패턴을 분석해 보세요.

   질문: "내가 자주 느낀 감정은 무엇이고, 왜 그런 감정을 느꼈을까?"

# 감정을 관리하는 첫걸음

## ✖ 감정을 관리한다는 것은?

감정을 억누르거나 피하는 것이 아니라, 감정을 인식하고 건강하게 표현하며 조절하는 것입니다. 감정 관리는 우리의 행동, 대인 관계, 그리고 삶의 질에 큰 영향을 미칩니다.

### 감정 관리를 위한 첫걸음

- 감정을 인정하기
  감정을 부정하지 않고 "나는 지금 화가 났다. 슬프다."라고 스스로에게 말하며 감정을 인정하세요.
  예: "오늘 친구와 나눈 대화가 나를 서운하게 했다."

### 감정의 이유 찾기

- 감정이 왜 발생했는지 스스로에게 물어보세요.
  예: "친구가 내 이야기를 무시했다고 느껴서 서운했다."

### 감정을 해소하기

- 부정적인 감정은 건강한 방식으로 해소하세요.
  대화: 신뢰할 수 있는 사람과 이야기하기
  글쓰기: 감정을 《감정 감사 일기》에 기록하기

행동: 산책, 운동, 혹은 취미 활동으로 스트레스 해소하기

## 감정 관리하는 팁

- 감정 해소 행동 리스트 작성

    자신이 스트레스나 분노를 느낄 때 할 수 있는 활동을 미리 리스트로 만들어 두세요.

    예: 산책하기, 따뜻한 차 마시기, 명상하기

- 감정을 긍정적으로 전환하기

    부정적인 감정 속에서도 긍정적인 측면을 찾아보세요.

    예: "회의에서 내 의견이 무시당했지만, 더 나은 표현법을 배울 기회였다."

# 02
## 감사의 힘

### 감정과 감사의 연결

감정과 감사를 연결하면, 일상에서 얻는 이득이 생각보다 큽니다. 감정을 제대로 인식하고 표현함으로써 스트레스나 불안이 줄어듭니다. 작은 일에도 감사하면 부정적 상황을 더 쉽게 극복할 수 있습니다. 이 과정을 통해 인간관계도 한층 부드러워지며, 불필요한 갈등이 줄어드는 효과까지 얻을 수 있습니다. 결국 감정과 감사를 연결하면 정서적 안정, 관계 개선, 그리고 삶에 대한 전반적 만족도가 향상되어 '더 건강하고 행복한 일상'을 누릴 수 있습니다.

### 감사는 왜 중요한가?

감사는 우리의 시선을 부족함에서 충만함으로 바꾸는 가장 강력한 도구입니다.
- 긍정적인 사고를 강화

    감사는 삶의 소소한 순간에서도 기쁨을 찾게 해줍니다.

    예: "바쁜 하루 속에서도 따뜻한 커피 한 잔의 여유를 누릴 수 있어서 감

사하다."
- 정신 건강 증진

    감사는 스트레스와 불안을 줄이고, 행복감을 높여줍니다. 연구에 따르면, 감사하는 습관은 우울증을 완화하고 삶의 만족도를 증가시킵니다.

## 작은 감사가 만들어내는 큰 변화

감사는 특별한 일이 아니라, 작은 일에서 시작됩니다.

- 소소한 감사의 실천

    예: "오늘도 건강하게 하루를 보낼 수 있어서 감사하다."

    "좋아하는 음악을 들으니 마음이 편안해져서 감사하다."

- 변화의 시작

    작은 감사를 꾸준히 실천하면 부정적인 상황에서도 긍정적인 면을 발견하는 능력이 생깁니다.

    예: "힘든 하루였지만, 동료가 도와줘서 한결 나았다."

## 감사의 습관으로 삶을 바꾸다

지속적으로 감사하면 우리의 삶이 크게 변화합니다.

- 행복한 습관 형성: 감사는 뇌에서 행복 호르몬(세로토닌, 도파민)을 분비시켜 더 많은 행복감을 느끼게 합니다.
- 삶의 만족도 증가: 지금 가진 것의 소중함을 깨닫게 합니다.
- 인간관계 개선: 감사의 표현은 주변 사람들과의 관계를 더 깊고 따뜻하게 만들어줍니다.

작은 감사가 쌓이면 우리의 사고방식, 감정, 행동까지 변화시킵니다. 오늘부터 일상의 감사할 일을 찾아보세요. 삶 속에서 풍성한 행복을 누리게 됩니다.

# 03
## 《감정 감사 일기》 사용법

### 나를 이해하기 위한 도구

**✖ 《감정 감사 일기》의 목적**

《감정 감사 일기》는 단순히 하루를 기록하는 것을 넘어, 스스로를 더 깊이 이해하고 긍정적인 변화를 이끌어내기 위한 도구입니다.

- 감정을 기록: 자주 느끼는 감정을 기록하고, 원인을 분석하며, 삶의 중요한 패턴을 발견할 수 있습니다.
- 감사를 기록: 작은 것에서도 기쁨과 만족을 찾는 훈련을 통해 삶의 균형과 행복감을 높일 수 있습니다.

**✖ 《감정 감사 일기》가 주는 이점**

- 감정 관리 능력 향상

  자신의 감정을 인식하고, 건강하게 다루는 법을 배우게 됩니다.

  예: "퇴근 후 거울 앞에 서서 '오늘 회의 때문에 화가 났구나.'라고 감정을 인정한 뒤, 심호흡을 하고 공원 산책으로 마음을 가라앉혔다."

- 삶의 긍정적인 측면 발견

감사 습관은 매일의 작은 행복을 알아차리고, 부정적인 상황 속에서도 긍정적인 면을 찾도록 도와줍니다.

예: "회의가 어려웠지만, 동료의 도움으로 잘 해결된 점에 감사했다."

## 《감정 감사 일기》 작성법

### ✗ 《감정 감사 일기》란?

《감정 감사 일기》는 하루 동안 감사했던 순간들을 기록하며, 자신에게 긍정적인 영향을 준 사건과 사람을 되돌아보는 일기입니다.

- 작성 순서
    1. 감사한 일 3~5가지 적기
        오늘 있었던 크고 작은 감사한 일을 적습니다.
        예: "오늘 날씨가 좋아서 산책할 수 있어 감사했다."
    2. 감사의 이유 분석
        감사한 일이 왜 나에게 중요했는지 적어보세요.
        예: "산책 덕분에 마음이 안정되고 기분이 상쾌해졌다."
    3. 감사의 감정 표현
        감사한 일이 일으킨 기분이나 감정을 구체적으로 적습니다.
        예: "내가 누리고 있는 일상에 만족하고 행복했다."

4. 내일 감사할 일을 기대하며 마무리

《감정 감사 일기》를 마무리하며 내일 감사할 수 있는 일을 떠올려보세요.

예: "내일도 주변 사람에게 따뜻한 말을 전하며 감사의 마음을 느끼고 싶다."

### ✖ 작성팁

매일 감사한 일을 적다 보면, 소소한 일에도 감사하는 마음을 발견할 수 있습니다. 억지로 감사할 일을 찾기보다는 자연스럽게 떠오르는 것부터 적어보세요.

## 나만의 《감정 감사 일기》 만들기

### ✖ 개인화된 기록 방법

《감정 감사 일기》는 개인의 스타일과 필요에 따라 자유롭게 변형해 사용할 수 있습니다. 자신만의 방식으로 기록하면 지속 가능성과 효과가 높아집니다.

- 기록 형식 선택
  1. 손 글씨로 노트에 기록하기

     디지털 기기(스마트폰, 태블릿)로 작성하기

     앱이나 감정 일기 전용 다이어리 활용하기

2. 섹션 추가 예시

   개인적인 섹션을 만들어 보세요.

   '오늘 나를 웃게 한 일' 섹션: 하루 중 기분이 좋았던 순간 기록

   '오늘 배운 점' 섹션: 감정과 감사 외에 하루의 교훈을 기록

   '감정 그래프' 섹션: 하루의 감정을 점수로 기록하며 시각화

3. 감정과 감사의 결합

   《감정 감사 일기》를 하나로 합쳐 작성할 수도 있습니다.

   예: "오늘 스트레스를 받았지만, 동료가 위로해 준 덕분에 감사했다."

## ✖ 감정과 감사를 실천하며 기대할 수 있는 변화

- 정신 건강 개선

  부정적인 감정이 쌓이지 않도록 해소하며, 더 긍정적인 사고방식을 형성할 수 있습니다.

- 자기 통찰력 향상

  자신의 감정 패턴과 감사 습관을 파악하며 자기 이해도가 높아집니다.

- 삶의 만족도 증가

  감정과 감사의 균형을 통해 작은 것에서도 행복을 느끼게 됩니다.

- 대인 관계의 질 개선

  주변 사람에게 감사의 마음을 표현하면 관계가 더 따뜻해집니다.

# 04
## 《감정 감사 일기》 템플릿 설명

### ✖ 일간 페이지

- 오늘의 감정: 하루 동안 느낀 감정 한 단어를 적고, 강도를 체크

    예: "짜증, 😫 (이모티콘으로 그날의 기분 강도를 선택)"

- 감정의 이유: 그 감정을 느낀 사건이나 상황 적기

    예: "회의에서 의견이 무시당했다."

- 감사한 일 세 가지: 작은 감사도 포함하여 적기

    예: "친구가 내 고민을 들어줬다."

- 내일을 위한 다짐: 긍정적인 목표나 기대

    예: "내일은 침착하게 의견을 표현하자."

### ✖ 주간정리 페이지

- 주요 감정 요약: 한 주 동안 자주 느낀 감정 세 가지

    예: 기쁨, 불안, 피곤

- 주요 감사 요약: 한 주의 감사한 일 중 가장 기억에 남는 순간 세 가지

    예: 가족과 보낸 저녁 시간, 강아지와 산책, 회의 때 도와준 친구

- 다음 주 목표: 감정 관리와 감사 실천 목표

예: "스트레스 상황에서 깊게 숨 쉬기"

## ✖ 월간정리페이지

- 월간 감정 요약: 감정 점수 평균과 발생 빈도 그래프

    예: 기쁨(12회), 불안(8회)

- 가장 감사한 순간 세 가지: 한 달 동안 가장 감사했던 일

    예: 부모님 효도 관광 보내드린 일, 절약한 일, 새로운 취미를 찾은 일

- 다음 달 목표: 감정과 감사 실천 계획

    예: 매일 감사 표현하기

일간, 주간, 월간 페이지를 통해 감정과 감사의 흐름을 정리하고, 삶의 변화를 체계적으로 관리할 수 있습니다.

우리는 사람들이 매일 자신에게 일어난 '세 가지
좋은 일'을 적었을 때, 행복감은 상승하고 우울 증
상은 감소한다는 사실을 발견했습니다.

마틴 셀리그먼
심리학자, 미국심리학회 전 회장

# CHAPTER 2
# 감정 감사 일기 작성에 앞서

더 풍성하게 이해하기 위한 준비

# 01
## 《감정 감사 일기》를 위한 감정 단어

감정표현에 어려움을 느끼시는 분들을 위해 감정 표현을 정리했습니다. 다양한 단어로 자신의 감정을 표현하다보면 내면을 면밀히 기록을 할 수 있습니다.

### 긍정적인 감정과 인접 감정

| | |
|---|---|
| 환영 | 환대, 친절, 선의, 우호, 반가움 |
| 감동 | 감명, 뭉클함, 경탄, 탄복, 찬탄 |
| 고마움 | 감사, 황송 |
| 존경 | 존중, 흠모, 경외, 숭고 |
| 기대 | 설렘, 두근거림, 들뜸, 고대 |
| 비장 | 결연, 단오, 각오, 의연 |

| | |
|---|---|
| 뿌듯함 | 자부심, 성취감, 보람, 자긍심, 의기양양 |
| 편안 | 안락, 쾌적, 아늑, 포근, 평온, 여유 |
| 신기함 | 관심, 호기심, 흥미, 놀라움, 경이로움, 궁금함 |
| 사랑 | 애정, 정, 애지중지, 소중함 |
| 부끄러움 | 수줍음, 쑥스러움, 창피함, 민망함, 겸연쩍음 |
| 즐거움 | 신남, 재미, 유쾌, 흥겨움, 짜릿, 신명남 |
| 깨달음 | 자각, 통찰, 각성, 이해 |
| 흐뭇함 | 만족, 훈훈, 흡족, 대견 |
| 행복 | 만족, 황홀, 평안, 충만 |
| 기쁨 | 희열, 쾌감, 감격 |
| 안심 | 안도, 안정 |
| 신뢰 | 믿음 |

## 부정적 감정과 인접 감정

| 감정 | 인접 감정 |
|---|---|
| 슬픔 | 우울함, 울적함, 쓸쓸함, 서운함, 침울함 |
| 화, 분노 | 분개, 격노, 노여움, 울분, 열받음 |
| 우쭐댐 | 자만심, 거만함, 오만함, 득의양양함, 잘난 척 |
| 무시함 | 경멸, 멸시, 업신여김, 무관심, 냉대 |
| 안타까움 | 애석함, 답답함, 속상함, 아쉬움, 한탄 |
| 실망 | 의혹, 의구심, 미심쩍음, 수상쩍음, 반신반의 |
| 의심 | 자부심, 성취감, 보람, 자긍심, 의기양양 |
| 불신 | 불신감, 경계심, 신뢰 부족, 회의감, 냉소 |
| 공포, 무서움 | 두려움, 겁, 공포감, 섬뜩함, 오싹함 |
| 절망 | 절망감, 자포자기, 체념, 암담함, 비관 |
| 한심한 | 형편없음, 꼴사나움, 초라함, 우스꽝스러움, 딱함 |
| 역겨움, 징그러움 | 혐오감, 메스꺼움, 불쾌감, 거부감, 구역질 |

| | |
|---|---|
| 짜증 | 역정, 성가심, 신경질, 언짢음, 성질 |
| 어이없음 | 황당함, 기막힘, 어처구니없음, 터무니없음, 어안이 벙벙함 |
| 패배 | 실패, 좌절, 참패, 굴욕감 |
| 자기혐오 | 자괴감, 열등감, 무가치함, 자학, 자격지심 |
| 귀찮음 | 번거로움, 귀차니즘, 게으름, 의욕 부족, 시큰둥함 |
| 힘듦, 지침 | 피곤함, 탈진, 기진맥진, 녹초, 무기력함 |
| 죄책감 | 자책감, 양심의 가책, 후회, 죄의식 |
| 증오, 혐오 | 미움, 적개심, 원한, 반감, 원망 |
| 당황, 난처 | 당혹감, 어리둥절함, 난감함, 민망함, 곤란함 |
| 경악 | 충격, 아연실색, 기겁, 기절초풍, 망연자실 |
| 부담, 안내킴 | 압박감, 꺼림칙함, 망설임, 거리낌 |
| 서러움 | 억울함, 원통함, 한, 비통함, 서글픔 |
| 재미없음 | 지루함, 심심함, 따분함, 무료함, 지겨움 |

| | |
|---|---|
| 불쌍함, 연민 | 동정심, 측은함, 애처로움, 안쓰러움, 가엾음 |
| 놀람 | 놀라움, 깜짝 놀람, 화들짝 놀람, 경이로움, 경탄 |
| 불안 | 초조함, 조마조마함, 긴장감, 안절부절못함 |
| 걱정 | 근심, 염려, 우려, 고민, 전전긍긍 |
| 불평, 불만 | 불만족, 투덜거림, 푸념, 넋두리, 항의 |
| 지긋지긋 | 진절머리, 넌더리, 신물, 염증, 싫증 |

   위의 내용을 참고해 감정을 적어보세요. 암기하면 좋지만, 생각이 나지 않을 때 참고하면 좋습니다.

## 감정을 '친구'처럼 이해하는 방법

감정은 '좋고 나쁨'이 아니라 신호입니다. 예를 들어 분노는 "이건 불공평해!"라는 경고이고, 불안은 "준비가 더 필요해."라는 알림입니다. 감정을 대충 넘기지 말고, '왜 나타났지?'를 생각하면 스스로를 더 잘 돌볼 수 있습니다.

1. 하루 점검: "오늘 가장 강했던 감정은 뭘까?" 한 단어로 적기
2. 이유 붙이기: "왜 그런 감정을 느꼈지?" 상황·생각을 간략히 메모
3. 도움 행동 찾기

    긍정 감정 ▸ "어떻게 더 오래 유지할까?"

    부정 감정 ▸ "어떻게 다독이거나 풀까?"

    감정을 단어로 정확히 짚는 순간, 마음은 이미 절반쯤 정리됩니다. 오늘부터 감정 단어를 친구처럼 불러 보세요.

### ✗ 기분을 좋게 해주는 긍정적 감정 기록법

| 감정 | 느낌 요약 | 언제 이런 감정을 느낄까? |
|---|---|---|
| 환영, 반가움 | "와, 널 기다렸어!" 하고 기꺼이 맞아 주는 따뜻한 느낌 | 오랜만에 친구를 만났을 때 |

| | | |
|---|---|---|
| 감동, 뭉클함 | 마음이 울컥할 때, 행동·말에 마음이 움직이는 느낌 | 영화 끝 장면이 너무 인상적일 때 |
| 고마움, 감사 | 누군가 나를 도와줘서 마음이 따뜻해지는 느낌 | 친구가 숙제를 도와줬을 때 |
| 존경, 흠모 | "저 사람 정말 멋지다." 하고 본받고 싶은 마음 | 열심히 봉사하는 선생님을 볼 때 |
| 기대, 설렘 | 좋은 일이 일어날 것 같아 가슴이 뛰는 느낌 | 소풍 전날 밤 |
| 비장, 각오 | "반드시 해내겠다!" 하고 단호히 결심할 때 | 대회 전날 스스로 다짐할 때 |
| 뿌듯함, 성취감 | 노력 끝에 해냈다는 만족감 | 시험에서 목표 점수를 달성했을 때 |
| 편안, 평온 | 몸과 마음이 느긋하고 안심되는 상태 | 주말 오후 햇살 아래 낮잠 |
| 신기함, 호기심 | "우와! 어떻게 이런 일이?" 하는 놀라움 | 처음 VR 게임을 해 볼 때 |

| | | |
|---|---|---|
| 사랑, 애정 | 소중한 사람을 진심으로 아끼는 마음 | 반려동물을 안아 줄 때 |
| 부끄러움, 수줍음 | 사람들 앞에 서면 얼굴이 빨개지는 느낌 | 발표하다가 이름을 틀렸을 때 |
| 즐거움, 신남 | 에너지 넘치고 웃음이 절로 나오는 기분 | 친구들과 농구할 때 |
| 깨달음, 통찰 | "아하, 이제 알겠어!" 하고 이해가 번쩍 | 수학 문제 풀이 원리를 깨달았을 때 |
| 흐뭇함, 훈훈함 | 마음이 따뜻하고 만족스러운 잔잔한 행복 | 막내 동생이 숙제를 스스로 끝냈을 때 |
| 행복, 충만 | 삶에서 더 바랄 것 없는 느낌 | 가족 여행에서 다 함께 웃을 때 |
| 기쁨, 희열 | 좋은 일이 터져서 팔짝 뛸 만큼 신남 | 좋아하는 가수가 콘서트에 온다고 할 때 |
| 안심, 안도 | 걱정이 확 풀려서 편안해지는 순간 | 시험이 끝나고 결과가 무사할 때 |

| 감정 | 느낌 요약 | 언제 이런 감정을 느낄까? |
|---|---|---|
| 신뢰, 믿음 | "저 사람은 틀림없어." 하고 든든히 믿는 마음 | 단짝 친구에게 비밀을 털어놓을 때 |

## ✘ 마음을 힘들게 하는 부정적 감정

| 감정 | 느낌 요약 | 언제 이런 감정을 느낄까? |
|---|---|---|
| 슬픔, 우울함 | 소중한 것을 잃어 마음이 축 처지는 느낌 | 친구와 멀어진 날 |
| 분노, 화남 | 부당하다고 여겨져 속이 뜨거워짐 | 누군가 내 물건을 허락 없이 쓸 때 |
| 우쭐댐, 자만 | 실력보다 과하게 자신을 뽐내는 상태 | 시험 1등 후 친구를 무시할 때 |
| 무시함, 경멸 | 상대를 하찮게 여겨 깔보는 마음 | 후배 의견을 "그건 수준 낮아."라며 묵살 |
| 안타까움, 속상함 | 잘되길 바랐는데 어긋나서 마음이 답답함 | 친구가 경기에서 아깝게 졌을 때 |
| 실망, 허탈 | 기대가 깨져 힘이 쭉 빠짐 | 약속이 갑자기 취소됐을 때 |

| | | |
|---|---|---|
| 의심, 미심쩍음 | 뭔가 수상해 믿기 어려운 마음 | SNS 메시지가 보이스 피싱 같을 때 |
| 불신, 회의감 | 사람·상황을 전혀 믿지 못해 경계하는 상태 | 반복해서 거짓말한 친구를 볼 때 |
| 공포, 무서움, 두려움 | 위협을 피해야 한다고 온 몸이 긴장한 상태 | 밤길에 낯선 발소리를 들을 때 |
| 절망, 체념 | "이젠 끝이야." 하고 희망이 사라진 상태 | 꿈꾸던 학교에 떨어졌을 때 |
| 한심함, 초라함 | 스스로 못나 보이고 창피한 기분 | 시험 공부 안 해서 낙제했을 때 |
| 역겨움, 혐오 | 보기만 해도 속이 울렁거리는 거부감 | 상한 음식을 봤을 때 |
| 짜증, 신경질 | 사소한 일에도 예민해지고 거슬림 | 인터넷이 자꾸 끊길 때 |
| 어이없음, 황당 | 예상 밖 상황에 말문이 막힐 때 | 숙제를 열심히 했는데 파일이 날아갔을 때 |
| 패배, 좌절 | 경쟁에서 져서 의욕이 꺾임 | 결승전에서 막판 역전을 당했을 때 |
| 자기혐오, 열등감 | '나는 왜 이 모양일까?' 스스로를 싫어함 | 발표 실수 후 계속 자신을 탓할 때 |

| | | |
|---|---|---|
| 귀찮음, 의욕 없음 | 하기 싫고 미루고 싶은 상태 | 방 청소 생각만 해도 손이 안 갈 때 |
| 힘듦, 지침, 탈진 | 에너지가 거의 바닥나 축 처짐 | 시험 주간 내내 밤샐 때 |
| 죄책감, 자책 | 잘못에 대해 미안하고 무거운 마음 | 거짓말이 들통나서 후회할 때 |
| 증오, 원한 | 상대에게 강한 적개심 | 괴롭힘을 오래 당해 분노가 쌓였을 때 |
| 당황, 난처, 곤란 | 뭘 해야 할지 몰라 어색하고 부끄러운 마음 | 발표 자료가 갑자기 꺼졌을 때 |
| 경악, 충격 | 너무 놀라 입이 다물어지지 않음 | 뉴스에서 큰 사고 소식을 들었을 때 |
| 부담, 안내킴, 압박감 | 해야 할 일이 버거워 마음이 무거움 | 중요한 시험이 코앞일 때 |
| 서러움, 억울함 | 이유 없이 손해를 본 것 같은 마음 | 잘못하지도 않았는데 혼났을 때 |
| 재미없음, 지루함 | 흥미가 전혀 없어 시간이 안 가는 느낌 | 긴 설명이 계속되는 수업 |

# 02
## 《감정 감사 일기》 사용 샘플

《감정 감사 일기》는 총 세 가지 색션으로 구성되어 있습니다.
- 일간
- 주간 회고
- 월간 회고

일간은 총 3개월 치로 구성되어 있으며, 주간 회고 12주가 뒤따라 나옵니다. 주간 회고 후 월간 3회가 나옵니다. 다음 페이지에 쉽게 적기 쉽도록 샘플을 적어둡니다. 참고하셔서 적는 데 도움이 되길 바랍니다.

뒷장에서 샘플을 확인할 수 있습니다.

| DATE<br>날짜 | DAILY EMOTION SUMMARY<br>감정요약 | RESOLUTION<br>다짐 |
|---|---|---|
| 5월 12일 | 의기양양 | 오늘의 기분을 이어나가자 |

그날의 기분에 체크해주세요.
최악, 나쁨, 보통, 좋음, 최고 순입니다.

## DEPICT YOUR EMOTIONS IN DETAIL
감정 세세히 적기

오랜만에 하루 종일 기분이 의기양양했다. 발표 전에는 조금 긴장했지만, 팀 회의에서 내가 준비한 발표를 훌륭하게 마쳤다. 모두의 박수와 칭찬을 받으니 그동안의 노력이 보상받는 듯했다. 밤늦게까지 준비한 거라 성공의 기쁨도 더 크게 느껴졌다.

점심에는 작은 보상으로 커피를 한 잔 마셨다. 커피를 마시며 '정말 잘해냈어.' 하고 속으로 중얼거렸다. 퇴근길에 본 노을도 평소보다 아름답게 느껴졌다.

## THREE THINGS YOU'RE GRATEFUL FOR
감사한 일 세 가지

1. 발표를 무사히 마치고 팀원들에게 좋은 피드백을 받은 것

2. 그동안의 노력이 결실을 맺으며 스스로를 자랑스럽게 느낀 것

3. 나를 위해 커피 한 잔을 선물하며 스스로를 다독일 수 있었던 여유

| DATE | DAILY EMOTION SUMMARY | RESOLUTION |
|---|---|---|
| 날짜 | 감정요약 | 다짐 |
| 월 13일 | 당혹 | 꼼꼼하게 체크하기 |
| | | 하루종일 우울하지 않기 |

## DEPICT YOUR EMOTIONS IN DETAIL
감정 세세히 적기

**DAILY**

오늘 아침, 팀장님이 어제 발표 자료 중 일부 수치를 잘못 입력했다며 조용히 말씀하셨다. 순간 얼굴이 확 달아올랐다. 어제 의기양양했던 내 모습이 떠올라 더 민망했다. 동료들 앞에서 으스댔던 기억에 괜히 부끄럽고 당황스러웠다. 그래도 팀장님이 웃으며 "다음엔 더 잘하면 되지."라고 해주셔서 조금은 위로가 되었다.

## THREE THINGS YOU'RE GRATEFUL FOR
감사한 일 세 가지

1. 팀장님이 실수를 부드럽게 짚어주며 민망하지 않게 배려해준 것

2. 이번 일을 계기로 앞으로 더 꼼꼼하게 준비할 수 있는 교훈을 얻은 것

3. 점심시간에 맑은 날씨 덕분에 산책하며 기분을 다잡을 수 있었던 것

WEEKLY
주간

5월 둘째 주

THE MOST FREQUENT EMOTION
이번 주에 가장 많이 든 감정

자신감과 당황스러움 사이를 오간 한 주였다. 발표 뒤에 찾아온 작은 실수와 민망함이 오래 남았다.

TOP THREE THINGS I'M GRATEFUL FOR
가장 감사한 세 가지

잔잔한 자신감
실수 뒤에도 잘 마무리하면서 생긴 조용한 자신감이 일주일 내내 바닥에 깔려 있었다.

조용한 불안
실수에 대한 여운이 가끔 마음을 건드렸다. 말은 없었지만 긴장 속에 하루를 보내곤 했다.

감정적 절제
들뜨거나 흔들리지 않으려 감정을 눌렀다. 무던했지만 어딘가 조용히 지쳐갔다.

GOAL FOR NEXT WEEK
다음 주를 위한 목표

감정 관리 목표
이번 주처럼 들뜨거나 위축되지 않고, 감정의 중심을 잘 잡는 연습을 해보고 싶다. 기분이 좋을 땐 한 걸음 물러서서, 실수했을 땐 스스로를 탓하기보다 배움으로 받아들이자.

감사 목표
감사의 마음은 작고 일상적인 순간에서 더 자주 찾을 것. 누군가의 친절, 하늘의 색, 커피 한 잔 같은 사소한 것에도 고맙다는 말을 잊지 말자.

WEEKLY
주간

월 셋째 주

### THE MOST FREQUENT EMOTION
이번 주에 가장 많이 든 감정

이번 주는 마음이 훨씬 가라앉았다. 모든 일이 완벽하진 않아도 괜찮다는 걸 조금은 받아들이게 됐다.

## TOP THREE THINGS I'M GRATEFUL FOR
가장 감사한 세 가지

차분한 자기 수용
실수를 받아들이고 넘기는 과정 속에서, 내 자신을 덜 비난하게 되었다.

은근한 위안
크지 않은 배려들이 반복되면서, 생각보다 자주 마음이 놓였다.

조용한 회복력
책 한 권을 곁에 두는 일상이 이어지며, 분주한 틈에서도 나를 회복시키는 작은 힘이 꾸준히 작동했다.

## GOAL FOR NEXT WEEK
다음 주를 위한 목표

이번 주 느꼈던 차분함을 다음 주에도 이어가고 싶다. 감정이 크게 요동치지 않도록, 일 앞에서 흥분하거나 실망하지 않고 중심을 잡는 연습을 계속하자. 하루를 마무리할 땐 내 감정을 있는 그대로 바라보고, 필요 이상으로 자책하거나 과장하지 말 것.

MONTHLY
월간

EMOTIONAL
FREQUENCY
감정과 빈도

이번 달, 자신감을 가장 많이 느꼈지만 그 안에 불안이 함께 섞여 있었다. 감정을 눌러가며 버틴 날도 많았다. 괜찮은 척보다 솔직한 감정에 더 귀 기울여야겠다는 생각이 든다. 기쁨이 더 자주 찾아오길 바란다.

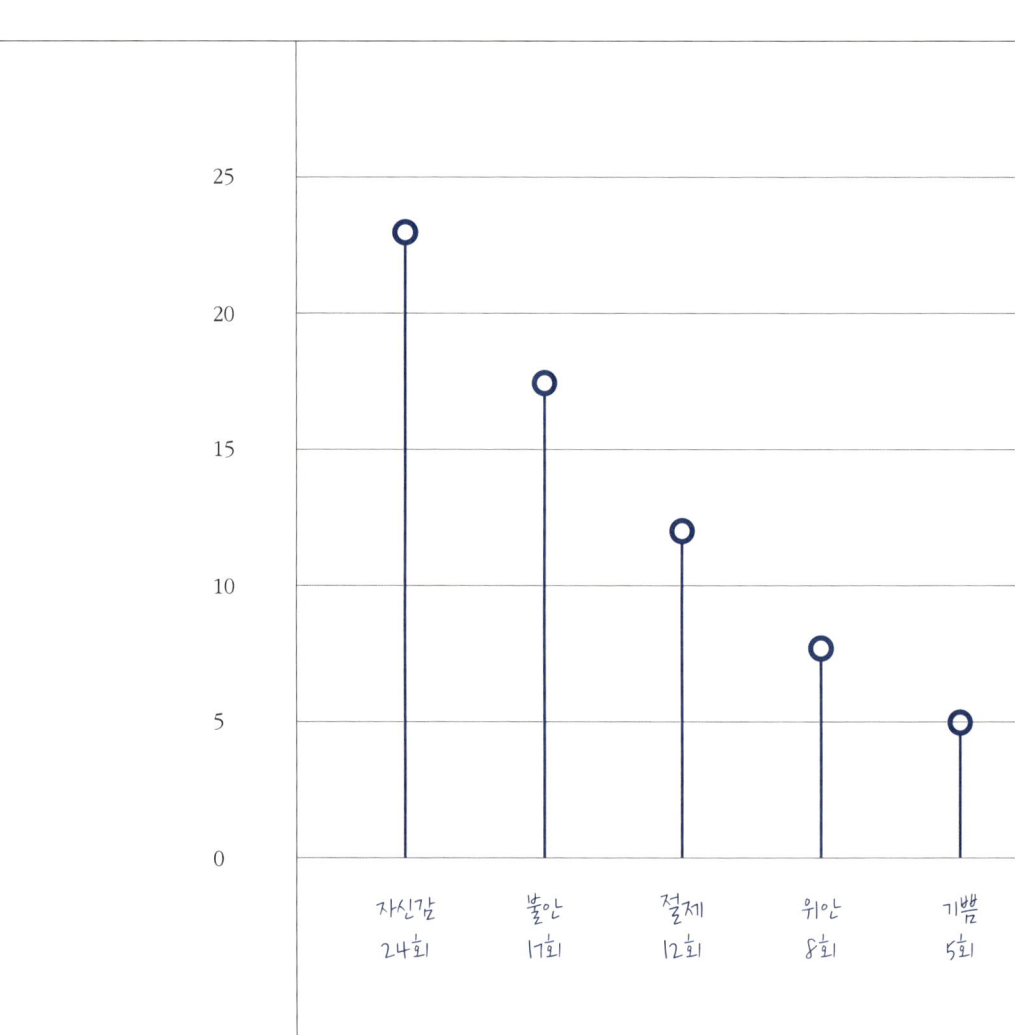

TOP THREE THINGS
I'M MOST GRATEFUL
FOR THIS MONTH
한달동안 가장 감사한 일

중요한 실수 이후에도 스스로를 비난하지 않고, 담담히 받아들이며 성장할 수 있었던 나의 태도.

매주 작은 방식으로 응원과 배려를 보여준 동료들 덕분에 혼자가 아니라는 마음이 들었던 시간들.

MONTHLY

어느 날 퇴근길에 들른 서점에서 오래전부터 마음에 담아두었던 책을 마주한 뜻밖의 기쁨.

GOAL FOR NEXT MONTH
다음 달을 위한 목표

다음 달에는 감정을 억누르기보다 있는 그대로 인정하고 받아들이고 싶다. 불안이 올라올 땐 피하지 않고 바라보고, 작은 기쁨은 놓치지 않고 충분히 누려보자. 감정의 균형을 지켜가는 연습을 해볼 것.

# 03
## 우울한 날, 스스로를 다스리는 6단계 실천 루틴

### Pause
### 잠깐 멈추기

- 자리에서 30초간 천천히 숨 3번 쉬기
- 어깨·턱 근육 이완

부정적 감정은 '위협 경보'라서 몸이 먼저 긴장합니다. 잠깐 멈춰 심호흡 하면 마음도 진정됩니다. 부정적 감정을 억누르지 말고 신호로 받아들이면 좋습니다.

### Label
### 감정 붙잡아 이름 붙이기

- 소리 없이 말하기
  "나는 ○○ (예: 분노 7점/10점 만점)을 느낀다."
- 일기의 '오늘의 감정' 단어 및 강도 체크

감정을 언어로 '라벨링(이름 붙이기)'하면 뇌 편도체 흥분이 줄어듭니다. 감정 일기는 이미 '단어+강도' 구조라 바로 사용 가능합니다.

일기: 오늘의 감정 확인

### Explore
### 이유 파헤치기

- 상황·생각을 한줄 메모
  회의에서 의견이 무시당함
- '감정의 이유'칸에 구체적 트리거(원인) 적기

감정은 상황 + 해석의 결과이므로, '왜'까지 적어야 패턴을 발견할 수 있습니다.

일기: 감정의 이유 확인

### Release
### 건강하게 배출

- 선택 리스트 작성해 두고 실행
1. 5분 걷기/스트레칭
2. 신뢰하는 사람에게 연락하기
3. 4-7-8 호흡
   (4초 들숨, 7초 참음, 8초 날숨)

일기 안에 '감정 해소를 위한 행동 리스트'를 미리 적어 두면, 위기 때 고민 없이 실행할 수 있습니다.

주간 회고: 목표 칸에 해소 행동 미리 적기

### Reframe & Gratitude
### 시각 바꾸기

..........................

- 같은 사건에서 얻은 교훈 1줄 찾기
- '감사한 일 세 가지' 중 1칸에 작은 감사 작성

..........................

'감정 → 교훈 → 감사'의 흐름은 부정적 경험을 학습과 긍정으로 전환해 회복력을 높입니다.

..........................

일기: 감사한 일 3가지


### Plan
### 내일을 위한 한 줄 다짐

..........................

- "내일은 _____을 시도해 본다." 식으로 구체·긍정형 다짐

..........................

계획까지 세우면 통제력이 회복되고, 같은 상황에 대한 두려움이 감소합니다.

..........................

일기: 내일을 위한 다짐

## 따라서 정리해보세요.

| | |
|---|---|
| 상황 | 회의에서 내 아이디어가 무시당했다. |
| 라벨 | 분노 8/10, 수치심 5/10 정도의 기분이 들었다. |
| 이유 | 팀장이 내 말을 끝까지 듣지 않았다. |
| 배출 | 건물 밖 5분 걷기, 4-7-8 호흡 3번했다. |
| 교훈 | 다음엔 시각 자료로 먼저 핵심을 보여주자. |
| 감사 | 동료 A가 눈을 맞추며 고개 끄덕여 주었다. |
| 다짐 | 내일 아침 아이디어 슬라이드 1장을 만들어 공유하자. |

## 마음 지킴을 위한 안전 수칙

1. 감정은 적(敵)이 아니라 정보

   "이 감정이 내게 뭘 알려주려 할까?"를 자문하면 두려움이 줄어듭니다.

2. 쓰기 → 통찰 → 행동

   글로 적는 순간부터 감정이 객관화되고, 행동으로 이어질 실마리가 보입니다.

3. 감사 기록은 '노이즈-캔슬링 헤드폰'

   감사 단어 1개만 적어도 스트레스 호르몬이 낮아진다는 연구가 있습니다. 일기 양식을 믿고 가볍게 적어 보세요.

감사하는 마음은 우리에게 더 많은 것을 가져다 줍니다. 삶의 좋은 점을 기록할 때, 그 좋은 점들은 더 커집니다.

오프라 윈프리
방송인, CEO, 작가

CHAPTER 3

# 감정 감사 일기

더 풍성하게 이해하기 위한 준비

| DATE | DAILY EMOTION SUMMARY | RESOLUTION |
| 날짜 | 감정요약 | 다짐 |

DEPICT YOUR EMOTIONS IN DETAIL
감정 세세히 적기

THREE THINGS YOU'RE GRATEFUL FOR
감사한 일 세가지

| DATE | DAILY EMOTION SUMMARY | RESOLUTION |
| --- | --- | --- |
| 날짜 | 감정요약 | 다짐 |

DEPICT YOUR EMOTIONS IN DETAIL
감정 세세히 적기

DAILY

THREE THINGS YOU'RE GRATEFUL FOR
감사한 일 세 가지

| DATE | DAILY EMOTION SUMMARY | RESOLUTION |
| 날짜 | 감정요약 | 다짐 |

DEPICT YOUR EMOTIONS IN DETAIL
감정 세세히 적기

THREE THINGS YOU'RE GRATEFUL FOR
감사한 일 세 가지

| DATE | DAILY EMOTION SUMMARY | RESOLUTION |
| 날짜 | 감정요약 | 다짐 |

DEPICT YOUR EMOTIONS IN DETAIL
감정 세세히 적기

DAILY

THREE THINGS YOU'RE GRATEFUL FOR
감사한 일 세 가지

| DATE | DAILY EMOTION SUMMARY | RESOLUTION |
| 날짜 | 감정요약 | 다짐 |

DEPICT YOUR EMOTIONS IN DETAIL
감정 세세히 적기

THREE THINGS YOU'RE GRATEFUL FOR
감사한 일 세 가지

| DATE | DAILY EMOTION SUMMARY | RESOLUTION |
| --- | --- | --- |
| 날짜 | 감정요약 | 다짐 |

DEPICT YOUR EMOTIONS IN DETAIL
감정 세세히 적기

DAILY

THREE THINGS YOU'RE GRATEFUL FOR
감사한 일 세 가지

| DATE | DAILY EMOTION SUMMARY | RESOLUTION |
| --- | --- | --- |
| 날짜 | 감정요약 | 다짐 |

DEPICT YOUR EMOTIONS IN DETAIL
감정 세세히 적기

THREE THINGS YOU'RE GRATEFUL FOR
감사한 일 세가지

| DATE | DAILY EMOTION SUMMARY | RESOLUTION |
| --- | --- | --- |
| 날짜 | 감정요약 | 다짐 |

DEPICT YOUR EMOTIONS IN DETAIL
감정 세세히 적기

DAILY

THREE THINGS YOU'RE GRATEFUL FOR
감사한 일 세 가지

| DATE | DAILY EMOTION SUMMARY | | RESOLUTION |
| 날짜 | 감정요약 | | 다짐 |

DEPICT YOUR EMOTIONS IN DETAIL
감정 세세히 적기

THREE THINGS YOU'RE GRATEFUL FOR
감사한 일 세 가지

| DATE | DAILY EMOTION SUMMARY | RESOLUTION |
| 날짜 | 감정요약 | 다짐 |

DEPICT YOUR EMOTIONS IN DETAIL
감정 세세히 적기

DAILY

THREE THINGS YOU'RE GRATEFUL FOR
감사한 일 세 가지

| DATE | DAILY EMOTION SUMMARY | RESOLUTION |
| 날짜 | 감정요약 | 다짐 |

DEPICT YOUR EMOTIONS IN DETAIL
감정 세세히 적기

THREE THINGS YOU'RE GRATEFUL FOR
감사한 일 세 가지

| DATE | DAILY EMOTION SUMMARY | RESOLUTION |
| --- | --- | --- |
| 날짜 | 감정요약 | 다짐 |

DEPICT YOUR EMOTIONS IN DETAIL
감정 세세히 적기

DAILY

THREE THINGS YOU'RE GRATEFUL FOR
감사한 일 세 가지

| DATE  날짜 | DAILY EMOTION SUMMARY  감정요약 | RESOLUTION  다짐 |
|---|---|---|
| |      | |

DEPICT YOUR EMOTIONS IN DETAIL
감정 세세히 적기




THREE THINGS YOU'RE GRATEFUL FOR
감사한 일 세 가지

| DATE | DAILY EMOTION SUMMARY | RESOLUTION |
| 날짜 | 감정요약 | 다짐 |

DEPICT YOUR EMOTIONS IN DETAIL
감정 세세히 적기

DAILY

THREE THINGS YOU'RE GRATEFUL FOR
감사한 일 세 가지

| DATE 날짜 | DAILY EMOTION SUMMARY 감정요약 | RESOLUTION 다짐 |
|---|---|---|
| |      | |

DEPICT YOUR EMOTIONS IN DETAIL
감정 세세히 적기

THREE THINGS YOU'RE GRATEFUL FOR
감사한 일 세 가지

| DATE | DAILY EMOTION SUMMARY | RESOLUTION |
| 날짜 | 감정요약 | 다짐 |

DEPICT YOUR EMOTIONS IN DETAIL
감정 세세히 적기

**DAILY**

THREE THINGS YOU'RE GRATEFUL FOR
감사한 일 세 가지

| DATE 날짜 | DAILY EMOTION SUMMARY 감정요약 | RESOLUTION 다짐 |
|---|---|---|
| |      | |

DEPICT YOUR EMOTIONS IN DETAIL
감정 세세히 적기




THREE THINGS YOU'RE GRATEFUL FOR
감사한 일 세 가지

| DATE | DAILY EMOTION SUMMARY | RESOLUTION |
| --- | --- | --- |
| 날짜 | 감정요약 | 다짐 |

DEPICT YOUR EMOTIONS IN DETAIL
감정 세세히 적기

DAILY

THREE THINGS YOU'RE GRATEFUL FOR
감사한 일 세 가지

| DATE | DAILY EMOTION SUMMARY | RESOLUTION |
| 날짜 | 감정요약 | 다짐 |

DEPICT YOUR EMOTIONS IN DETAIL
감정 세세히 적기

THREE THINGS YOU'RE GRATEFUL FOR
감사한 일 세 가지

| DATE | DAILY EMOTION SUMMARY | RESOLUTION |
| 날짜 | 감정요약 | 다짐 |

DEPICT YOUR EMOTIONS IN DETAIL
감정 세세히 적기

DAILY

THREE THINGS YOU'RE GRATEFUL FOR
감사한 일 세 가지

| DATE | DAILY EMOTION SUMMARY | RESOLUTION |
| 날짜 | 감정요약 | 다짐 |

DEPICT YOUR EMOTIONS IN DETAIL
감정 세세히 적기



THREE THINGS YOU'RE GRATEFUL FOR
감사한 일 세 가지

| DATE | DAILY EMOTION SUMMARY | RESOLUTION |
| --- | --- | --- |
| 날짜 | 감정 요약 | 다짐 |

DEPICT YOUR EMOTIONS IN DETAIL
감정 세세히 적기

DAILY

THREE THINGS YOU'RE GRATEFUL FOR
감사한 일 세가지

| DATE | DAILY EMOTION SUMMARY | RESOLUTION |
| 날짜 | 감정요약 | 다짐 |

DEPICT YOUR EMOTIONS IN DETAIL
감정 세세히 적기

THREE THINGS YOU'RE GRATEFUL FOR
감사한 일 세 가지

| DATE | DAILY EMOTION SUMMARY | RESOLUTION |
| 날짜 | 감정요약 | 다짐 |

DEPICT YOUR EMOTIONS IN DETAIL
감정 세세히 적기

**DAILY**

THREE THINGS YOU'RE GRATEFUL FOR
감사한 일 세 가지

| DATE | DAILY EMOTION SUMMARY | RESOLUTION |
| 날짜 | 감정요약 | 다짐 |

DEPICT YOUR EMOTIONS IN DETAIL
감정 세세히 적기

THREE THINGS YOU'RE GRATEFUL FOR
감사한 일 세 가지

| DATE | DAILY EMOTION SUMMARY | RESOLUTION |
| 날짜 | 감정 요약 | 다짐 |

DEPICT YOUR EMOTIONS IN DETAIL
감정 세세히 적기

DAILY

THREE THINGS YOU'RE GRATEFUL FOR
감사한 일 세 가지

| DATE | DAILY EMOTION SUMMARY | RESOLUTION |
| 날짜 | 감정요약 | 다짐 |

DEPICT YOUR EMOTIONS IN DETAIL
감정 세세히 적기




THREE THINGS YOU'RE GRATEFUL FOR
감사한 일 세 가지

| DATE | DAILY EMOTION SUMMARY | RESOLUTION |
| --- | --- | --- |
| 날짜 | 감정요약 | 다짐 |

DEPICT YOUR EMOTIONS IN DETAIL
감정 세세히 적기

**DAILY**

THREE THINGS YOU'RE GRATEFUL FOR
감사한 일 세 가지

| DATE | DAILY EMOTION SUMMARY | RESOLUTION |
| --- | --- | --- |
| 날짜 | 감정요약 | 다짐 |

DEPICT YOUR EMOTIONS IN DETAIL
감정 세세히 적기

THREE THINGS YOU'RE GRATEFUL FOR
감사한 일 세 가지

## 가장 기뻤던 순간 돌아보기

**느꼈던 감정은?**
예) 행복, 설렘

**무슨 일이 있었나요?**
예) 친구들이 깜짝 파티를 열어 줬다

**마음과 몸이 어떻게 반응했나요?**
예) 몸이 두근, 얼굴이 웃음으로 가득

**지금 돌아보니 어떤 의미인가요?**
예) 행복은 가까운 곳에 있다.

**나에게 보내는 한마디**

**고맙다고 느낀 것은 무엇인가요?**
예) 바쁜 와중에도 나와준 친구들이 고맙다.

| DATE | DAILY EMOTION SUMMARY | RESOLUTION |
| 날짜 | 감정요약 | 다짐 |

DEPICT YOUR EMOTIONS IN DETAIL
감정 세세히 적기

THREE THINGS YOU'RE GRATEFUL FOR
감사한 일 세 가지

| DATE | DAILY EMOTION SUMMARY | RESOLUTION |
| 날짜 | 감정요약 | 다짐 |

DEPICT YOUR EMOTIONS IN DETAIL
감정 세세히 적기

**DAILY**

THREE THINGS YOU'RE GRATEFUL FOR
감사한 일 세 가지

| DATE | DAILY EMOTION SUMMARY | RESOLUTION |
| 날짜 | 감정요약 | 다짐 |

DEPICT YOUR EMOTIONS IN DETAIL
감정 세세히 적기

THREE THINGS YOU'RE GRATEFUL FOR
감사한 일 세가지

| DATE | DAILY EMOTION SUMMARY | RESOLUTION |
| --- | --- | --- |
| 날짜 | 감정 요약 | 다짐 |

**DEPICT YOUR EMOTIONS IN DETAIL**
감정 세세히 적기

DAILY

**THREE THINGS YOU'RE GRATEFUL FOR**
감사한 일 세 가지

| DATE | DAILY EMOTION SUMMARY | RESOLUTION |
| 날짜 | 감정 요약 | 다짐 |

DEPICT YOUR EMOTIONS IN DETAIL
감정 세세히 적기

THREE THINGS YOU'RE GRATEFUL FOR
감사한 일 세 가지

| DATE | DAILY EMOTION SUMMARY | RESOLUTION |
| 날짜 | 감정요약 | 다짐 |

DEPICT YOUR EMOTIONS IN DETAIL
감정 세세히 적기

DAILY

THREE THINGS YOU'RE GRATEFUL FOR
감사한 일 세 가지

| DATE | DAILY EMOTION SUMMARY | RESOLUTION |
| --- | --- | --- |
| 날짜 | 감정요약 | 다짐 |

DEPICT YOUR EMOTIONS IN DETAIL
감정 세세히 적기

THREE THINGS YOU'RE GRATEFUL FOR
감사한 일 세 가지

| DATE | DAILY EMOTION SUMMARY | RESOLUTION |
| 날짜 | 감정 요약 | 다짐 |

DEPICT YOUR EMOTIONS IN DETAIL
감정 세세히 적기

**DAILY**

THREE THINGS YOU'RE GRATEFUL FOR
감사한 일 세 가지

| DATE | DAILY EMOTION SUMMARY | RESOLUTION |
| 날짜 | 감정요약 | 다짐 |

DEPICT YOUR EMOTIONS IN DETAIL
감정 세세히 적기

THREE THINGS YOU'RE GRATEFUL FOR
감사한 일 세 가지

| DATE | DAILY EMOTION SUMMARY | RESOLUTION |
| 날짜 | 감정요약 | 다짐 |

**DEPICT YOUR EMOTIONS IN DETAIL**
감정 세세히 적기

**DAILY**

**THREE THINGS YOU'RE GRATEFUL FOR**
감사한 일 세 가지

| DATE 날짜 | DAILY EMOTION SUMMARY 감정요약 | RESOLUTION 다짐 |
|---|---|---|
|  |  |  |

DEPICT YOUR EMOTIONS IN DETAIL
감정 세세히 적기

THREE THINGS YOU'RE GRATEFUL FOR
감사한 일 세 가지

| DATE | DAILY EMOTION SUMMARY | RESOLUTION |
| 날짜 | 감정요약 | 다짐 |

DEPICT YOUR EMOTIONS IN DETAIL
감정 세세히 적기

DAILY

THREE THINGS YOU'RE GRATEFUL FOR
감사한 일 세 가지

| DATE | DAILY EMOTION SUMMARY | RESOLUTION |
| 날짜 | 감정요약 | 다짐 |

DEPICT YOUR EMOTIONS IN DETAIL
감정 세세히 적기

THREE THINGS YOU'RE GRATEFUL FOR
감사한 일 세 가지

| DATE | DAILY EMOTION SUMMARY | RESOLUTION |
| --- | --- | --- |
| 날짜 | 감정요약 | 다짐 |

DEPICT YOUR EMOTIONS IN DETAIL
감정 세세히 적기

DAILY

THREE THINGS YOU'RE GRATEFUL FOR
감사한 일 세 가지

| DATE | DAILY EMOTION SUMMARY | RESOLUTION |
| --- | --- | --- |
| 날짜 | 감정 요약 | 다짐 |

DEPICT YOUR EMOTIONS IN DETAIL
감정 세세히 적기

THREE THINGS YOU'RE GRATEFUL FOR
감사한 일 세 가지

| DATE | DAILY EMOTION SUMMARY | RESOLUTION |
| 날짜 | 감정요약 | 다짐 |

## DEPICT YOUR EMOTIONS IN DETAIL
감정 세세히 적기

**DAILY**

## THREE THINGS YOU'RE GRATEFUL FOR
감사한 일 세 가지

| DATE | DAILY EMOTION SUMMARY | RESOLUTION |
| 날짜 | 감정요약 | 다짐 |

DEPICT YOUR EMOTIONS IN DETAIL
감정 세세히 적기

THREE THINGS YOU'RE GRATEFUL FOR
감사한 일 세가지

| DATE | DAILY EMOTION SUMMARY | RESOLUTION |
| --- | --- | --- |
| 날짜 | 감정요약 | 다짐 |

**DEPICT YOUR EMOTIONS IN DETAIL**
감정 세세히 적기

**DAILY**

**THREE THINGS YOU'RE GRATEFUL FOR**
감사한 일 세 가지

| DATE | DAILY EMOTION SUMMARY | RESOLUTION |
| 날짜 | 감정요약 | 다짐 |

DEPICT YOUR EMOTIONS IN DETAIL
감정 세세히 적기

THREE THINGS YOU'RE GRATEFUL FOR
감사한 일 세 가지

| DATE | DAILY EMOTION SUMMARY | RESOLUTION |
| 날짜 | 감정요약 | 다짐 |

DEPICT YOUR EMOTIONS IN DETAIL
감정 세세히 적기

**DAILY**

THREE THINGS YOU'RE GRATEFUL FOR
감사한 일 세 가지

| DATE | DAILY EMOTION SUMMARY | RESOLUTION |
| 날짜 | 감정요약 | 다짐 |

DEPICT YOUR EMOTIONS IN DETAIL
감정 세세히 적기

THREE THINGS YOU'RE GRATEFUL FOR
감사한 일 세 가지

| DATE | DAILY EMOTION SUMMARY | | RESOLUTION |
| 날짜 | 감정요약 | | 다짐 |

DEPICT YOUR EMOTIONS IN DETAIL
감정 세세히 적기

**DAILY**

THREE THINGS YOU'RE GRATEFUL FOR
감사한 일 세 가지

| DATE | DAILY EMOTION SUMMARY | RESOLUTION |
| 날짜 | 감정요약 | 다짐 |

DEPICT YOUR EMOTIONS IN DETAIL
감정 세세히 적기

THREE THINGS YOU'RE GRATEFUL FOR
감사한 일 세가지

| DATE | DAILY EMOTION SUMMARY | RESOLUTION |
| --- | --- | --- |
| 날짜 | 감정요약 | 다짐 |

DEPICT YOUR EMOTIONS IN DETAIL
감정 세세히 적기

DAILY

THREE THINGS YOU'RE GRATEFUL FOR
감사한 일 세 가지

| DATE | DAILY EMOTION SUMMARY | RESOLUTION |
| 날짜 | 감정요약 | 다짐 |

DEPICT YOUR EMOTIONS IN DETAIL
감정 세세히 적기

THREE THINGS YOU'RE GRATEFUL FOR
감사한 일 세 가지

| DATE | DAILY EMOTION SUMMARY | RESOLUTION |
| --- | --- | --- |
| 날짜 | 감정 요약 | 다짐 |

DEPICT YOUR EMOTIONS IN DETAIL
감정 세세히 적기

DAILY

THREE THINGS YOU'RE GRATEFUL FOR
감사한 일 세 가지

| DATE | DAILY EMOTION SUMMARY | RESOLUTION |
| 날짜 | 감정요약 | 다짐 |

DEPICT YOUR EMOTIONS IN DETAIL
감정 세세히 적기

THREE THINGS YOU'RE GRATEFUL FOR
감사한 일 세가지

| DATE | DAILY EMOTION SUMMARY | | RESOLUTION |
|---|---|---|---|
| 날짜 | 감정 요약 | | 다짐 |

DEPICT YOUR EMOTIONS IN DETAIL
감정 세세히 적기

**DAILY**

THREE THINGS YOU'RE GRATEFUL FOR
감사한 일 세 가지

| DATE | DAILY EMOTION SUMMARY | RESOLUTION |
| 날짜 | 감정요약 | 다짐 |

DEPICT YOUR EMOTIONS IN DETAIL
감정 세세히 적기

THREE THINGS YOU'RE GRATEFUL FOR
감사한 일 세 가지

| DATE 날짜 | DAILY EMOTION SUMMARY 감정요약 | RESOLUTION 다짐 |
|---|---|---|

DEPICT YOUR EMOTIONS IN DETAIL
감정 세세히 적기

DAILY

THREE THINGS YOU'RE GRATEFUL FOR
감사한 일 세 가지

| DATE | DAILY EMOTION SUMMARY | RESOLUTION |
| 날짜 | 감정요약 | 다짐 |

DEPICT YOUR EMOTIONS IN DETAIL
감정 세세히 적기

THREE THINGS YOU'RE GRATEFUL FOR
감사한 일 세가지

## 내가 정말 슬펐던 순간, 자기 위로하기

**느꼈던 감정은?**
예) 슬픔, 후회

**무슨 일이 있었나요?**
예) 사랑하는 강아지가 무지개 다리를 건넜다.

**그때 떠오른 생각은?**
예) 평생 같이 할 줄 알았는데 왜 지금?

**마음과 몸이 어떻게 반응했나요?**
예) 눈물이 쏟아지고, 가슴이 먹먹했다.

**무엇을 배웠나요?**
예) 후회가 남지 않게 사랑하자.

**나에게 보내는 한마디**

**감사한 점을 적어보세요?**
예) 강아지를 통해 사랑을 깨달았어요.

| DATE 날짜 | DAILY EMOTION SUMMARY 감정요약 | RESOLUTION 다짐 |
|---|---|---|
| |      | |

DEPICT YOUR EMOTIONS IN DETAIL
감정 세세히 적기

THREE THINGS YOU'RE GRATEFUL FOR
감사한 일 세 가지

| DATE | DAILY EMOTION SUMMARY | RESOLUTION |
| --- | --- | --- |
| 날짜 | 감정요약 | 다짐 |

DEPICT YOUR EMOTIONS IN DETAIL
감정 세세히 적기

DAILY

THREE THINGS YOU'RE GRATEFUL FOR
감사한 일 세 가지

| DATE 날짜 | DAILY EMOTION SUMMARY 감정요약 | RESOLUTION 다짐 |
|---|---|---|
|  |  |  |

DEPICT YOUR EMOTIONS IN DETAIL
감정 세세히 적기

THREE THINGS YOU'RE GRATEFUL FOR
감사한 일 세 가지

| DATE | DAILY EMOTION SUMMARY | RESOLUTION |
| 날짜 | 감정요약 | 다짐 |

DEPICT YOUR EMOTIONS IN DETAIL
감정 세세히 적기

DAILY

THREE THINGS YOU'RE GRATEFUL FOR
감사한 일 세 가지

| DATE<br>날짜 | DAILY EMOTION SUMMARY<br>감정요약 | RESOLUTION<br>다짐 |
|---|---|---|
| |     | |

DEPICT YOUR EMOTIONS IN DETAIL
감정 세세히 적기




THREE THINGS YOU'RE GRATEFUL FOR
감사한 일 세 가지

| DATE | DAILY EMOTION SUMMARY | RESOLUTION |
| 날짜 | 감정 요약 | 다짐 |

DEPICT YOUR EMOTIONS IN DETAIL
감정 세세히 적기

**DAILY**

THREE THINGS YOU'RE GRATEFUL FOR
감사한 일 세 가지

| DATE | DAILY EMOTION SUMMARY | RESOLUTION |
| 날짜 | 감정요약 | 다짐 |

DEPICT YOUR EMOTIONS IN DETAIL
감정 세세히 적기

THREE THINGS YOU'RE GRATEFUL FOR
감사한 일 세 가지

| DATE | DAILY EMOTION SUMMARY | RESOLUTION |
| --- | --- | --- |
| 날짜 | 감정 요약 | 다짐 |

DEPICT YOUR EMOTIONS IN DETAIL
감정 세세히 적기

DAILY

THREE THINGS YOU'RE GRATEFUL FOR
감사한 일 세 가지

| DATE | DAILY EMOTION SUMMARY | | RESOLUTION |
| 날짜 | 감정요약 | | 다짐 |

DEPICT YOUR EMOTIONS IN DETAIL
감정 세세히 적기

THREE THINGS YOU'RE GRATEFUL FOR
감사한 일 세 가지

| DATE | DAILY EMOTION SUMMARY | RESOLUTION |
| 날짜 | 감정 요약 | 다짐 |

DEPICT YOUR EMOTIONS IN DETAIL
감정 세세히 적기

**DAILY**

THREE THINGS YOU'RE GRATEFUL FOR
감사한 일 세 가지

| DATE | DAILY EMOTION SUMMARY | RESOLUTION |
| 날짜 | 감정요약 | 다짐 |

DEPICT YOUR EMOTIONS IN DETAIL
감정 세세히 적기

THREE THINGS YOU'RE GRATEFUL FOR
감사한 일 세 가지

| DATE | DAILY EMOTION SUMMARY | RESOLUTION |
| 날짜 | 감정 요약 | 다짐 |

DEPICT YOUR EMOTIONS IN DETAIL
감정 세세히 적기

DAILY

THREE THINGS YOU'RE GRATEFUL FOR
감사한 일 세 가지

| DATE | DAILY EMOTION SUMMARY | RESOLUTION |
| 날짜 | 감정요약 | 다짐 |

DEPICT YOUR EMOTIONS IN DETAIL
감정 세세히 적기

THREE THINGS YOU'RE GRATEFUL FOR
감사한 일 세 가지

| DATE | DAILY EMOTION SUMMARY | RESOLUTION |
| 날짜 | 감정 요약 | 다짐 |

DEPICT YOUR EMOTIONS IN DETAIL
감정 세세히 적기

DAILY

THREE THINGS YOU'RE GRATEFUL FOR
감사한 일 세 가지

| DATE | DAILY EMOTION SUMMARY | RESOLUTION |
| --- | --- | --- |
| 날짜 | 감정 요약 | 다짐 |

DEPICT YOUR EMOTIONS IN DETAIL
감정 세세히 적기

THREE THINGS YOU'RE GRATEFUL FOR
감사한 일 세 가지

| DATE | DAILY EMOTION SUMMARY | RESOLUTION |
| 날짜 | 감정요약 | 다짐 |

DEPICT YOUR EMOTIONS IN DETAIL
감정 세세히 적기

DAILY

THREE THINGS YOU'RE GRATEFUL FOR
감사한 일 세 가지

| DATE | DAILY EMOTION SUMMARY | RESOLUTION |
| 날짜 | 감정요약 | 다짐 |

DEPICT YOUR EMOTIONS IN DETAIL
감정 세세히 적기

THREE THINGS YOU'RE GRATEFUL FOR
감사한 일 세 가지

| DATE | DAILY EMOTION SUMMARY | RESOLUTION |
| 날짜 | 감정요약 | 다짐 |

DEPICT YOUR EMOTIONS IN DETAIL
감정 세세히 적기

DAILY

THREE THINGS YOU'RE GRATEFUL FOR
감사한 일 세 가지

| DATE | DAILY EMOTION SUMMARY | RESOLUTION |
| 날짜 | 감정요약 | 다짐 |

DEPICT YOUR EMOTIONS IN DETAIL
감정 세세히 적기

THREE THINGS YOU'RE GRATEFUL FOR
감사한 일 세 가지

| DATE | DAILY EMOTION SUMMARY | RESOLUTION |
|---|---|---|
| 날짜 | 감정요약 | 다짐 |

DEPICT YOUR EMOTIONS IN DETAIL
감정 세세히 적기

**DAILY**

THREE THINGS YOU'RE GRATEFUL FOR
감사한 일 세 가지

| DATE 날짜 | DAILY EMOTION SUMMARY 감정 요약 | RESOLUTION 다짐 |
|---|---|---|
| |      | |

DEPICT YOUR EMOTIONS IN DETAIL
감정 세세히 적기

THREE THINGS YOU'RE GRATEFUL FOR
감사한 일 세 가지

| DATE | DAILY EMOTION SUMMARY | | RESOLUTION |
| 날짜 | 감정요약 | | 다짐 |

DEPICT YOUR EMOTIONS IN DETAIL
감정 세세히 적기

**DAILY**

THREE THINGS YOU'RE GRATEFUL FOR
감사한 일 세 가지

| DATE | DAILY EMOTION SUMMARY | RESOLUTION |
| 날짜 | 감정요약 | 다짐 |

DEPICT YOUR EMOTIONS IN DETAIL
감정 세세히 적기

THREE THINGS YOU'RE GRATEFUL FOR
감사한 일 세가지

| DATE | DAILY EMOTION SUMMARY | RESOLUTION |
| 날짜 | 감정요약 | 다짐 |

DEPICT YOUR EMOTIONS IN DETAIL
감정 세세히 적기

**DAILY**

THREE THINGS YOU'RE GRATEFUL FOR
감사한 일 세 가지

| DATE | DAILY EMOTION SUMMARY | RESOLUTION |
| 날짜 | 감정요약 | 다짐 |

DEPICT YOUR EMOTIONS IN DETAIL
감정 세세히 적기

THREE THINGS YOU'RE GRATEFUL FOR
감사한 일 세 가지

| DATE | DAILY EMOTION SUMMARY | RESOLUTION |
| --- | --- | --- |
| 날짜 | 감정 요약 | 다짐 |

DEPICT YOUR EMOTIONS IN DETAIL
감정 세세히 적기

**DAILY**

THREE THINGS YOU'RE GRATEFUL FOR
감사한 일 세 가지

| DATE | DAILY EMOTION SUMMARY | RESOLUTION |
| --- | --- | --- |
| 날짜 | 감정요약 | 다짐 |

DEPICT YOUR EMOTIONS IN DETAIL
감정 세세히 적기

THREE THINGS YOU'RE GRATEFUL FOR
감사한 일 세가지

| DATE | DAILY EMOTION SUMMARY | RESOLUTION |
| 날짜 | 감정요약 | 다짐 |

DEPICT YOUR EMOTIONS IN DETAIL
감정 세세히 적기

DAILY

THREE THINGS YOU'RE GRATEFUL FOR
감사한 일 세 가지

| DATE | DAILY EMOTION SUMMARY | RESOLUTION |
| 날짜 | 감정 요약 | 다짐 |

DEPICT YOUR EMOTIONS IN DETAIL
감정 세세히 적기

THREE THINGS YOU'RE GRATEFUL FOR
감사한 일 세 가지

| DATE | DAILY EMOTION SUMMARY | RESOLUTION |
| 날짜 | 감정요약 | 다짐 |

DEPICT YOUR EMOTIONS IN DETAIL
감정 세세히 적기

DAILY

THREE THINGS YOU'RE GRATEFUL FOR
감사한 일 세 가지

| DATE | DAILY EMOTION SUMMARY | RESOLUTION |
| 날짜 | 감정요약 | 다짐 |

DEPICT YOUR EMOTIONS IN DETAIL
감정 세세히 적기




THREE THINGS YOU'RE GRATEFUL FOR
감사한 일 세 가지

## 나의 성취 돌아보기

느꼈던 감정은?

무엇을 해냈나요?

그때 떠오른 생각은요?

도움이 된 사람은 누구인가요?

어떤 노력을 했나요?

미래를 위한 목표를 적어보세요.

"정말 고생했어!" 셀프 칭찬 해보세요

| WEEKLY | THE MOST FREQUENT EMOTION |
| 주간 | 이번 주에 가장 많이 든 감정 |

TOP THREE THINGS I'M GRATEFUL FOR
가장 감사한 세 가지

GOAL FOR NEXT WEEK
다음 주를 위한 목표

EEKLY

THE MOST FREQUENT EMOTION
이번 주에 가장 많이 든 감정

)P THREE THINGS I'M GRATEFUL FOR
장 감사한 세 가지

)AL FOR NEXT WEEK
i 주를 위한 목표

| WEEKLY | THE MOST FREQUENT EMOTION |
| 주간 | 이번 주에 가장 많이 든 감정 |

TOP THREE THINGS I'M GRATEFUL FOR
가장 감사한 세 가지

GOAL FOR NEXT WEEK
다음 주를 위한 목표

EEKLY
간

THE MOST FREQUENT EMOTION
이번 주에 가장 많이 든 감정

)P THREE THINGS I'M GRATEFUL FOR
장 감사한 세 가지

WEEKLY

)AL FOR NEXT WEEK
 주를 위한 목표

| WEEKLY | THE MOST FREQUENT EMOTION |
| 주간 | 이번 주에 가장 많이 든 감정 |

TOP THREE THINGS I'M GRATEFUL FOR
가장 감사한 세 가지

GOAL FOR NEXT WEEK
다음 주를 위한 목표

THE MOST FREQUENT EMOTION
이번 주에 가장 많이 든 감정

P THREE THINGS I'M GRATEFUL FOR
감사한 세 가지

WEEKLY

AL FOR NEXT WEEK
주를 위한 목표

| WEEKLY | THE MOST FREQUENT EMOTION |
| 주간 | 이번 주에 가장 많이 든 감정 |

TOP THREE THINGS I'M GRATEFUL FOR
가장 감사한 세 가지

GOAL FOR NEXT WEEK
다음 주를 위한 목표

EEKLY | THE MOST FREQUENT EMOTION
간 | 이번 주에 가장 많이 든 감정

OP THREE THINGS I'M GRATEFUL FOR
장 감사한 세 가지

WEEKLY

OAL FOR NEXT WEEK
음 주를 위한 목표

| WEEKLY | THE MOST FREQUENT EMOTION |
| 주간 | 이번 주에 가장 많이 든 감정 |

TOP THREE THINGS I'M GRATEFUL FOR
가장 감사한 세 가지

GOAL FOR NEXT WEEK
다음 주를 위한 목표

THE MOST FREQUENT EMOTION
이번 주에 가장 많이 든 감정

OP THREE THINGS I'M GRATEFUL FOR
장 감사한 세 가지

WEEKLY

)AL FOR NEXT WEEK
음 주를 위한 목표

| WEEKLY | THE MOST FREQUENT EMOTION |
| 주간 | 이번 주에 가장 많이 든 감정 |

## TOP THREE THINGS I'M GRATEFUL FOR
가장 감사한 세 가지

## GOAL FOR NEXT WEEK
다음 주를 위한 목표

EEKLY | THE MOST FREQUENT EMOTION
간 | 이번 주에 가장 많이 든 감정

)P THREE THINGS I'M GRATEFUL FOR
앙 감사한 세 가지

WEEKLY

)AL FOR NEXT WEEK
음 주를 위한 목표

| WEEKLY 주간 | THE MOST FREQUENT EMOTION 이번 주에 가장 많이 든 감정 |
|---|---|

TOP THREE THINGS I'M GRATEFUL FOR
가장 감사한 세 가지

GOAL FOR NEXT WEEK
다음 주를 위한 목표

'EEKLY | THE MOST FREQUENT EMOTION
간 | 이번 주에 가장 많이 든 감정

OP THREE THINGS I'M GRATEFUL FOR
장 감사한 세 가지

)AL FOR NEXT WEEK
음 주를 위한 목표

| WEEKLY | THE MOST FREQUENT EMOTION |
| 주간 | 이번 주에 가장 많이 든 감정 |

TOP THREE THINGS I'M GRATEFUL FOR
가장 감사한 세 가지

GOAL FOR NEXT WEEK
다음 주를 위한 목표

EEKLY

THE MOST FREQUENT EMOTION
이번 주에 가장 많이 든 감정

P THREE THINGS I'M GRATEFUL FOR
상 감사한 세 가지

AL FOR NEXT WEEK
주를 위한 목표

| WEEKLY | THE MOST FREQUENT EMOTION |
| 주간 | 이번 주에 가장 많이 든 감정 |

TOP THREE THINGS I'M GRATEFUL FOR
가장 감사한 세 가지

GOAL FOR NEXT WEEK
다음 주를 위한 목표

## 나의 좌절 돌아보기

느꼈던 감정은?

어떻게 실패, 좌절 했나요?

실패 후 자신을 위해 어떤 행동을 했나요?

어떤 것을 배웠나요?

다시 도전을 하기 위해
자신에게 한마디 해보세요.

다음에 어떻게 할지
전략을 적어보세요.

MONTHLY
월간

EMOTIONAL
FREQUENCY
감정과 빈도

25

20

15

10

5

0

TOP THREE THINGS
I'M MOST GRATEFUL
FOR THIS MONTH
한달동안 가장 감사한 일

MONTHLY

GOAL FOR NEXT MONTH
다음 달을 위한 목표

# MONTHLY
월간

## EMOTIONAL FREQUENCY
감정과 빈도

25

20

15

10

5

0

TOP THREE THINGS
I'M MOST GRATEFUL
FOR THIS MONTH
한 달 동안 가장 감사한 일

MONTHLY

GOAL FOR NEXT MONTH
다음 달을 위한 목표

MONTHLY
월간

EMOTIONAL
FREQUENCY
감정과 빈도

25

20

15

10

5

0

TOP THREE THINGS
I'M MOST GRATEFUL
FOR THIS MONTH
한 달 동안 가장 감사한 일

MONTHLY

GOAL FOR NEXT MONTH
다음 달을 위한 목표

# 에필로그
## 감정과 감사로 완성하는 삶

### 감정과 감사의 실천이 가져오는 삶의 변화

하루를 돌아보며 자신의 감정을 솔직히 마주하고, 삶의 감사한 순간을 기록하는 일은 삶을 바꾸는 강력한 도구입니다. 감정과 감사를 기록하고 실천하는 사람들의 삶은 어떻게 달라질까요?

### 감정의 실천: 삶을 더 깊이 이해하게 되다

- 변화된 시선

    감정을 솔직히 기록하고 분석하면, 자신의 내면을 더 잘 이해할 수 있습니다.

- 감정 관리 능력

    감정을 억누르는 대신 건강하게 표현하고, 부정적인 감정 속에서도 긍정적인 면을 발견하는 능력이 생깁니다.

### 감사의 실천: 행복을 새롭게 발견하다

- 작은 행복의 발견

    감사의 습관은 우리의 시선을 '부족함'에서 '충만함'으로 돌려줍니다.

- 삶에 대한 만족도 증가

    감사는 현재의 삶에 만족감을 높이고, 더 긍정적인 태도로 하루를 살아가게 만듭니다.

### 감정과 감사의 조화: 더 나은 삶으로 이끄는 열쇠

- 스트레스와 불안 감소

    감정과 감사의 균형은 어려운 상황에서도 마음의 안정을 유지하게 합니다.

- 인간관계의 개선

    감정과 감사를 실천하며 다른 사람들에게도 감사한 마음을 표현하게 됩니다. 이는 관계를 더 따뜻하게 만들어줍니다.

감정을 감사로 이어나가는 삶은 더 행복한 자신을 위해 필수 입니다.

긍정적인 감정은 주의·인지·행동의 폭을 넓혀 주
며, 신체적·지적·사회적 자원을 키워줍니다.

바버라 L. 프레드릭슨
사회심리학자, 템플턴 긍정심리학상 수상

부록

# 자기 알아보기

자신을 알아보기 위한 투사검사

'새둥지가 있는 장면'을 자유롭게 그려주세요.

새둥지 안팎에 어떤 모습이든 상상해서 표현해도 좋아요.

그리고 싶은 것이 있다면 무엇이든 자유롭게 추가해 주세요.

이 그림은 사계절 중 언제인가요?

날씨는 어떤가요?

시간은 언제인가요?

무엇을 하고 있나요?

**일러두기**
본 지에 실린 검사는 간단한 검사로, 개인의 상태나 배경에 따라 달리 해석해야 할 수 있습니다. 정확한 해석은 전문가를 방문하세요.

✖ 이 그림을 통해 생각해 보세요.

그림 속 요소들을 통해 그림을 그린 사람의 내면세계와 심리적 상태를 엿볼 수 있도록 안내합니다. 그림의 크기, 동물의 위치, 계절감, 날씨, 시간, 행동 등 다양한 요소들이 상징적인 의미를 지니며, 이를 통해 그림을 그린 사람의 감정, 생각, 욕구, 그리고 현재 처한 상황 등을 추론해 볼 수 있습니다.

### 크기와 구조

그림의 크기가 매우 크거나 좁은지, 혹은 단순하고 텅 빈 형태인지 살펴보세요. 넓고 큰 공간은 자유로움, 개방성, 혹은 불안정함을, 좁고 제한된 공간은 억압감, 답답함, 혹은 안정감에 대한 욕구를 나타낼 수 있습니다. 텅 빈 공간은 고독감, 공허함, 혹은 새로운 시작에 대한 기대를 의미할 수도 있습니다.

### 계절감

그림에서 느껴지는 계절감 (봄, 여름, 가을, 겨울)은 그림을 그린 사람의 현재 심리 상태나 삶의 변화를 반영할 수 있습니다.

봄: 희망, 새로운 시작, 활기

여름: 에너지, 활기, 열정

가을: 변화, 성숙, 결실

겨울: 고립감, 움츠러듦, 내면 성찰

### 날씨

그림 속 날씨는 그림을 그린 사람의 주된 감정이나 현재 분위기를 나타냅니다.

맑은 날씨: 긍정적, 희망적 태도

흐린 날씨: 우울, 불안, 혹은 혼란스러운 마음

비나 눈: 슬픔, 고립감, 혹은 정화의 필요성

### 시간

그림 속에서 느껴지는 시간대(아침, 낮, 저녁, 밤)는 그림을 그린 사람의 활력 수준이나 심리적 상태를 암시합니다.

아침/낮: 시작, 가능성, 활발함, 개방성

저녁/밤: 휴식, 내면적 성찰, 때로는 불안이나 외로움

### 행동

그림 속에서 동물이 무엇을 하고 있는지(뛰고 있는지, 쉬고 있는지, 숨어 있는지 등)는 그림을 그린 사람의 현재 삶의 태도나 에너지 수준을 반영합니다. 활발하게 움직이는 동물은 적극성, 외향성, 혹은 변화에 대한 욕구를, 가만히 쉬거나 움츠러든 동물은 소극성, 내향성, 혹은 휴식에 대한 필요를 나타낼 수 있습니다. 특정한 대상을 향해 행동을 보이거나 다른 동물과의 상호작용은 관계에 대한 태도나 욕구를 드러낼 수 있습니다.

어머니와 아이가 함께 있는 장면을 그려주세요.

단순한 만화나 막대기 그림이 아닌, 사람의 형태를 자세히 표현해 주세요.

상황이나 배경은 자유롭게 상상해서 그려도 좋습니다.

당신이 그린 아이의 성별은?

어머니와 아이는 무엇을 하고 있습니까?

아이는 무슨 생각을 하고 있습니까?

어머니는 무슨 생각을 하고 있습니까?

어머니와 아이 중 어느 쪽에 친밀감이 느껴집니까?

## ✗ 이렇게 그림을 해석해 보세요

그림을 통해 엄마와 아이가 서로에게 어떤 감정을 느끼고 있는지, 어떤 유대감을 가지고 있는지, 혹은 표현하기 어려운 감정은 없는지 등을 짐작해 볼 수 있습니다. 두 사람 사이의 보이지 않는 연결고리를 시각적으로 드러냅니다.

### 크기와 비례

엄마와 아이 중 누가 더 크게 그려졌는지, 혹은 신체 비율에 어떤 차이가 있는지를 살펴보세요. 더 크게 그려진 인물은 심리적으로 더 우월한 위치에 있거나 강한 영향력을 행사한다고 해석할 수 있습니다. 엄마를 훨씬 크게 그려졌다면, 엄마가 아이를 보호하고 이끄는 역할이 강할 수 있습니다. 반대로 아이를 지나치게 크게 그려졌다면, 아이의 주체성이나 강한 욕구를 상징할 수도 있습니다.

### 신체 표현의 정도

엄마와 아이의 신체 각 부분이 얼마나 뚜렷하게 표현되었는지 살펴보세요. 얼굴 표정, 자세, 손의 모양, 옷차림 등 세부 묘사가 얼마나 정교한지에 따라 그 인물의 감정이나 심리 상태를 더 자세히 짐작할 수 있습니다. 특히 얼굴(눈, 코, 입, 미간 등), 손, 머리카락 등은 감정을 드러내는 중요한 부위입니다.

### 거리와 방향

엄마와 아이가 그림 속에서 얼마나 가까이 붙어 있는지, 서로 마주 보고 있는지, 혹은 등을 돌리고 있는지 확인해 보세요. 물리적인 거리는 심리적인 거리를 반영합니다. 서로 마주보는 방향은 관심과 소통의 의지를 나타냅니다. 거리가 가까울수록 친밀감이나 의존성을, 멀리 떨어져 있거나 등을 보일수록 심리적 거리감이나 갈등을 암시할 수 있습니다.

### 접촉여부

엄마와 아이가 손을 잡거나 어깨를 감싸는 등 신체적 접촉을 표현했다면, 이는 보통 따뜻한 유대감이나 안정감을 의미합니다. 접촉이 전혀 없거나, 한쪽만 억지로 손을 뻗는 듯한 표현은 불편함, 소극적인 관계, 갈등을 표현할 수 있습니다.

### 표정

엄마와 아이의 얼굴 표정(미소를 짓고 있는지, 무표정한지, 혹은 슬픈 표정을 짓고 있는지)을 주의 깊게 살펴보세요. 표정은 그들의 현재 감정 상태를 직접적으로 보여줍니다. 실제로 느끼는 감정을 뚜렷하게 표현하지 않았더라도, 그림 속 표정은 숨겨진 감정이나 바람을 드러내는 중요한 단서가 될 수 있습니다.

### 시선

엄마와 아이가 서로 시선을 교환하고 있는지 확인하는 것은 관계의 상호작용을 이해하는 데 매우 중요합니다. 서로 마주보며 시선을 나누는 것은 관심, 이해, 친밀감을 나타내는 반면, 시선이 엇갈리거나 한쪽이 다른 곳을 응시하는 것은 무관심, 불편함, 혹은 갈등을 암시할 수 있습니다.

비가 내리는 장면 속에 있는 사람을 그려주세요.

만화나 막대기처럼 단순한 형태가 아닌, 사람의 형태를 자세히 표현해 주세요.

배경이나 소지품 등 그리고 싶은 요소가 있다면 자유롭게 추가해도 좋습니다.

그림 속 사람은 무엇을 하고 있습니까?

이 사람은 몇 살입니까?

이 사람을 보면 누가 생각납니까?

이 사람의 현재 기분은 어떨까요?

이 사람에게 필요한 것은 무엇일까요?

### ✖ 이 그림을 통해 생각해 보세요

이 그림 검사는 스트레스 상황에 개인이 어떻게 대처하는지를 시각적으로 표현하게 하여, 내면의 정서와 방어기제를 파악하는 투사 그림 검사입니다.

개인의 스트레스 인식, 감정 표현 방식, 방어 기제 등을 반영합니다. 그림 속 인물의 크기, 위치, 비나 우산의 표현 등이 해석의 중요한 단서가 되며, 정서적 취약성과 회복 탄력성을 살피는 데 활용됩니다.

### 그림 속 사람은 무엇을 하고 있습니까?

그림 속 사람을 통해 우리가 현재 어떤 상황에 관심을 가지고 있는지, 어떤 욕구나 불안감을 느끼고 있는지를 간접적으로 드러낼 수 있습니다. 예를 들어, 활발하게 움직이거나 웃고 있는 모습은 외향적이거나 긍정적인 성격을, 웅크리고 앉아 있거나 고개를 숙이고 있는 모습은 내성적이거나 불안한 감정을 나타낼 수 있습니다. 행동의 자발성이나 강도 또한 심리 상태를 짐작하게 합니다.

### 그림 속 사람은 몇 살입니까?

인물의 나이를 추측하는 과정은 우리가 사람을 인식하는 특정한 틀이나 고정관념을 보여줄 수 있습니다. 우리가 어떤 외형적인 특징을 보고 특정한 나이를 떠올리는지, 그리고 그 나이에 대해 어떤 이미지를 가지고 있는지 생각해 볼 수 있습니다.

### 이 사람을 보면 누가 생각납니까?

그림 속 인물에게서 특정한 누군가를 떠올리는 것은 현재 우리 주변의 중요한 관계나 과거의 기억과 관련이 있을 수 있습니다. 그 사람과의 관계는 어떠한지, 그 사람에 대해 어떤 감정을 가지고 있는지 등을 되돌아볼 수 있습니다

### 그림 속 사람의 현재 기분은 어떨까요?

인물의 감정을 추측하는 것은 타인의 감정을 이해하는 능력과 공감 능력을 보여줍니다. 우리가 그림 속 인물의 표정이나 분위기에서 어떤 감정을 읽어내는지, 그리고 그 감정에 대해 어떤 반응을 보이는지 살펴보는 것은 중요합니다.

### 이 사람에게 필요한 것은 무엇일까요?

인물에게 필요한 것은 우리의 욕구, 바람, 혹은 해결되지 않은 문제를 반영할 수 있습니다. 우리가 그림 속 인물의 입장에서 무엇이 필요하다고 느끼는지 생각해 보면서, 우리 스스로에게 필요한 것은 무엇인지 깨달을 수 있습니다.

### 이 그림을 그리면서 어떤 느낌이 드셨나요?

그림을 그리는 동안 어떤 생각이나 느낌이 들었는지, 어떤 부분을 가장 중요하게 표현하고 싶었는지 등을 질문함으로써 그림에 담긴 개인적인 의미와 정서적 상태를 탐색하고 파악합니다. 예를 들어, 밝고 긍정적인 색을 주로 사용했다면 즐거움이나 희망을 표현하고 싶었을 수 있고, 어둡고 불안정한 선을 사용했다면 내면의 어려움이나 갈등을 나타내고 싶었을 수도 있습니다.

### 투사적 역할 부여

그림 속 인물이 어린아이, 청소년, 성인, 노인 등 어떤 연령대로 설정되었는지, 그리고 그 인물에게 어떤 성별이나 특징을 부여했는지 살펴보세요. 그림 속 인물의 연령이나 성별은 그림을 그린 사람의 현재 관심사, 과거 경험, 혹은 미래에 대한 기대를 반영할 수 있습니다. 또한, 인물의 외모나 특징을 통해 그 인물에 대한 특정한 감정이나 생각을 투영했을 가능성도 있습니다.

### 관계적 투사

그림 속 인물이 누군가를 향해 특정한 행동을 보이거나 감정을 표현하고 있다면, 그 대상이 그림을 그린 사람에게 실제로 어떤 의미를 갖는 사람인지 생각해 볼 수 있습니다. 예를 들어, 그림 속 인물이 누군가를 따뜻하게 안아주고 있다면, 그 대상에 대한 애정이나 의존성을 나타낼 수 있고, 반대로 공격적인 행동을 보인다면 분노나 갈등을 표현하고 있을 수 있습니다. 그림 속 관계는 그림을 그린 사람의 실제 인간관계를 반영하는 경우가 많습니다.

### 지지 및 보호 욕구

그림 속에서 외로움이나 불안함이 느껴지거나, 누군가에게 의지하고 싶어 하는 모습이 보인다면, 그림을 그린 사람에게 지지나 보호에 대한 욕구가 있을 수 있습니다. 그림 속 인물이 처한 상황이나 표현된 감정을 통해, 그림을 그린 사람 자신이 현재 어떤 어려움을 느끼고 있는지, 혹은 어떤 종류의 도움을 바라고 있는지 짐작해 볼 수 있습니다.

동적 집-나무-사람 그림 (K-HTP: Kinetic House-Tree-Person)

집, 나무, 사람을 그리고, 동작이 있는 장면으로 표현해주세요.

그릴 때 만화의 형식이나 혹은 막대기 같은 사람이 아닌 사람의 전체 모습을 그리세요.

### ✖ 이 그림을 통해 생각해 보세요

이 그림은 그림을 그린 사람의 내면세계, 감정, 그리고 주변 환경과의 관계를 상징적으로 보여주는 창입니다. 그림 속 각 요소의 특징, 배치, 그리고 상호작용을 통해 그림을 그린 사람의 심리적 상태, 욕구, 그리고 무의식적인 생각까지도 엿볼 수 있습니다. 그림을 주의 깊게 관찰하고, 각 요소가 우리에게 전달하는 메시지를 해석하는 것이 중요합니다.

### 안정감-보호 욕구

그림 속 집은 일반적으로 안전하고 편안한 '나'의 공간을 상징합니다. 집의 크기, 형태, 지붕의 모양, 창문이나 문의 존재 여부, 그리고 주변 환경과의 조화 등을 통해 그림을 그린 사람이 느끼는 안정감의 정도와 보호받고 싶은 욕구를 추측할 수 있습니다. 예를 들어, 튼튼하고 견고하게 그려진 집은 안정감을, 작고 닫힌 느낌의 집은 불안감이나 방어적인 태도를 나타낼 수 있습니다.

### 개방성-자아 영역

그림 속 창문이나 사적 영역(울타리 등)은 그림을 그린 사람의 외부 세계와의 소통 방식이나 개인적인 경계를 보여줍니다. 크고 활짝 열린 창문은 개방적이고 사교적인 성향을, 작거나 닫힌 창문은 내성적이거나 방어적인 태도를 암시할 수 있습니다. 울타리와 같은 경계는 자신만의 공간을 보호하고 싶어 하는 욕구를 나타냅니다.

### 성장과 에너지

그림 속 나무는 보통 생명력, 성장, 그리고 자아의 뿌리를 상징합니다. 나무의 크기, 줄기의 굵기, 가지의 뻗음, 잎의 풍성함 등을 통해 그림을 그린 사람의 정신적 에너지, 성장 가능성, 그리고 현재의 활력 수준을 짐작할 수 있습니다. 튼튼하고 곧게 뻗은 나무는 건강하고 안정적인 자아를, 휘어져 있거나 마른 나무는 취약하거나 어려움을 겪고 있는 상태를 나타낼 수 있습니다.

### 뿌리와 과거와의 연결

나무의 뿌리는 그림을 그린 사람의 과거 경험, 가족 관계, 그리고 무의식적인 기반을 상징합니다. 뿌리가 튼튼하게 표현되었다면 안정적인 기반을 가지고 있다고 해석할 수 있으며, 뿌리가 불안정하거나 생략되었다면 정서적인 불안감이나 과거와의 단절감을 나타낼 수 있습니다.

### 신체 비례와 자세

그림 속 사람의 머리, 몸통, 팔다리 등 각 신체 부위의 크기나 비율은 그림을 그린 사람의 자기 인식, 자신감, 그리고 현재 느끼는 감정을 반영할 수 있습니다. 특정 부위를 강조하거나 지나치게 작게 그린 것은 그 부위에 대한 관심이나 불안감을 나타낼 수 있습니다. 또한, 사람의 자세(서 있는지, 앉아 있는지, 움직이는지 등)는 현재의 에너지 수준, 활동성, 그리고 세상에 대한 태도를 보여줍니다.

### 영역을 얼마나 차지하고 지지하는가

그림 속 나무가 차지하는 영역이나 사람을 지지하는 모습은 그림을 그린 사람이 자신의 존재감이나 주변의 지지를 어떻게 인식하는지 보여줄 수 있습니다. 튼튼한 나무가 넓은 영역을 차지하고 있다면 강한 자아를, 왜소하거나 불안정하게 그려진 나무는 취약한 자아를 나타낼 수 있습니다.

### 행동-상황

그림 속 사람이 걷는지, 뛰는지, 춤추는지 등 어떤 '행동'을 표현하고 있는지를 살펴보세요. 사람의 행동은 그림을 그린 사람의 현재 에너지 수준이나 세상에 대한 태도를 반영합니다. 예를 들어, 활기차게 움직이는 모습은 적극적이고 외향적인 성향이나 현재 상황에 대한 긍정적인 태도를 나타낼 수 있습니다. 반대로, 정적인 자세나 특정한 대상으로부터 멀어지는 행동은 내성적이거나 회피적인 성향, 혹은 현재 상황에 대한 불편함을 암시할 수 있습니다. 주변 환경과의 관계(나무를 가꾸거나, 집을 향해 걸어가거나, 대상과 맺는 관계의 방식) 또한 중요한 해석 요소입니다.

### 표정-감정

그림 속 사람의 눈, 입, 코, 표정을 어떻게 그렸는지, 그리고 팔다리의 움직임이나 전체적인 자세를 통해 느껴지는 감정을 파악해 보세요. 뚜렷하고 밝은 표정은 긍정적인 감정을, 어둡거나 굳은 표정은 부정적인 감정을 나타낼 수 있습니다. 과장된 표정이나 지나치게 단순하게 표현된 얼굴은 감정 표현의 어려움이나 억압된 감정을 의미할 수도 있습니다.

### 구성요소 간 거리와 관계

집, 나무, 그리고 사람이 서로 얼마나 떨어져 있는지, 혹은 어떤 방식으로 배치되어 있는지를 살펴보는 것은 그림을 그린 사람의 자신, 가정, 그리고 주변 환경과의 심리적 거리감을 파악하는 데 중요합니다. 예를 들어, 사람이 집 가까이에 있다면 가정의 중요성이나 안정감에 대한 욕구를, 나무 가까이에 있다면 자연과의 친밀감이나 성장에 대한 열망을 나타낼 수 있습니다. 반대로, 사람이 집이나 나무와 멀리 떨어져 있다면, 독립성을 추구하는 상태이거나 소외감을 느낄 수 있습니다. 세 요소가 완전히 분리되어 제각각 그려졌다면, 그림을 그린 사람이 자신과 주변 세계를 분리하거나 '따로 떨어진' 느낌을 받고 있을 수도 있습니다.

### 배경과 상호작용

사람, 집, 그리고 나무가 어떤 행동을 하고 있는지(사람이 나무에 기대어 쉬고 있는지, 집 주변에서 특정한 행동을 하는 모습 등)는 그림을 그린 사람이 주변 환경 또는 관계 대상과 어떻게 교감하고 있는지를 보여줍니다. 이러한 상호작용을 통해 그림을 그린 사람의 의존성, 독립성, 친밀감, 혹은 갈등 등을 엿볼 수 있습니다.

우리 가족이 함께 어떤 활동을 하고 있는 장면을 그려주세요.

가족 구성원 각각을 사람의 형태로 자세히 표현해 주세요.

장소나 상황은 자유롭게 상상해서 그려도 괜찮습니다.

## ✖ 이렇게 그림을 해석해 보세요

그림 속에서 가족 구성원들이 서로 어떤 관계를 맺고 있는지, 각자 어떤 감정을 느끼는지, 함께하는 활동이 우리 가족에게 어떤 의미를 갖는지 생각해 보도록 합니다. 그림을 통해 우리 가족의 역동적인 관계와 유대감을 더 깊이 이해할 수 있습니다.

### 그림 속 인물의 배치

그림 속에서 가족 구성원들이 얼마나 가깝게 떨어져 있는지, 혹은 특정 인물이 홀로 떨어져 있는지 살펴보세요. 예를 들어, 어떤 가족 구성원이 멀리 떨어져 있거나 구석진 곳에 있다면, 심리적으로 그 인물이 소외감이나 거리감을 느끼고 있을 가능성이 있습니다. 반대로, 함께 붙어 있는 인물들은 친밀함이나 협력 관계를 나타냅니다.

### 크기 차이

그림 속 인물의 크기가 유난히 크거나 작게 그려졌다면, 해당 인물에 대한 두드러진 감정 (존경, 무시, 불안함, 부담 등)을 의미할 수 있습니다. 그림에서 특정 인물이 다른 인물보다 훨씬 크게 그려졌다면, 그 인물이 가족 내에서 강한 영향력을 가지고 있거나 중요하게 여겨지고 있을 수 있습니다. 반대로 작게 그려진 인물은 상대적으로 약하거나 위축된 감정을 표현할 수 있습니다.

### 무엇을 함께하는지

가족 구성원들이 함께 어떤 활동을 하고 있는지, 아니면 각자 다른 행동을 하고 있는지를 살펴보세요. 함께 요리를 하거나, 이야기를 나누는 등 협동적인 행동은 가족 간의 친밀감과 소통을 보여줍니다. 반면, 각자 다른 행동을 하고 있다면 개인적인 성향이나 분리된 관계를 암시할 수 있습니다.

### 활동의 성격

가족들이 함께하는 활동이 공격적이거나 위험해 보이는 활동인지, 혹은 즐겁고 평화로워 보이는 활동인지를 파악하는 것은 가족 분위기를 이해하는 데 도움이 됩니다. 예를 들어, 함께 요리하는 모습은 친밀감과 협력을, 함께 운동하는 모습은 활력과 건강을 나타낼 수 있습니다. 활동의 종류와 분위기를 통해 가족 구성원들의 정서적인 관계를 짐작할 수 있습니다.

### 자신의 위치

그림 속에서 자신이 가족 그림 안의 어디에 있는지 파악해 보세요. 자신이 다른 가족 구성원들과 가깝게 있는지, 혹은 떨어져 있는지, 아니면 특정 인물과 함께 있는지 등을 확인하는 것은 가족 내에서 자신이 느끼는 소속감과 관계를 이해하는 데 중요한 단서가 됩니다. 자신이 한가운데 있다면 구심점 역할을 하고 있다고 느낄 수 있고, 외곽에 있거나 분리되어 있다면 소외감을 느낄 수도 있습니다.

### 시선 방향

그림 속 인물들이 어디를 바라보고 있는지는 그들의 관심사와 관계를 보여주는 중요한 단서입니다. 예를 들어, 모두가 특정 인물을 바라보고 있다면 그 인물에 대한 집중이나 의존을 나타낼 수 있고, 서로 다른 곳을 바라보고 있다면 각자의 생각이나 무관심을 의미할 수 있습니다.

### 색상 혹은 선의 강도와 흐름

지나치게 밝고 긍정적인 색상, 날카롭거나 불안정한 선, 굵거나 뚜렷한 선 등은 그림을 그린 사람의 감정 상태나 가족 관계에 대한 인식을 반영할 수 있습니다. 예를 들어, 밝고 따뜻한 색상은 긍정적이고 안정적인 분위기를, 어둡고 차가운 색상은 불안하거나 긴장된 분위기를 나타낼 수 있습니다. 선의 강도나 흐름 또한 개인의 감정이나 가족 관계의 역동성을 드러낼 수 있으므로 주의 깊게 살펴보세요.

감사할 일을 떠올리는 '축복 세어보기' 활동은
무의미하게 형식만 따를 때가 아니라,
온 마음을 다해 주의를 기울일 때
우리의 행복을 크게 높일 수 있습니다.

소냐 류보머스키
심리학자, 템플턴 긍정심리학상 수상자

## 감정 감사 일기

**초판 1쇄 발행** 2025년 6월 15일

**저자** 정수미
**펴낸이** 김영근
**편집** 한주희 최승희
**디자인** 김영근
**펴낸곳** 마음 연결
**주소** 경기도 수원시 팔달구 인계로 120 스마트타워 604
**이메일** nousandmind@gmail.com
**출판사 등록번호** 251002021000003
**ISBN** 979-11-93471-56-2
**값** 17000